CB062726

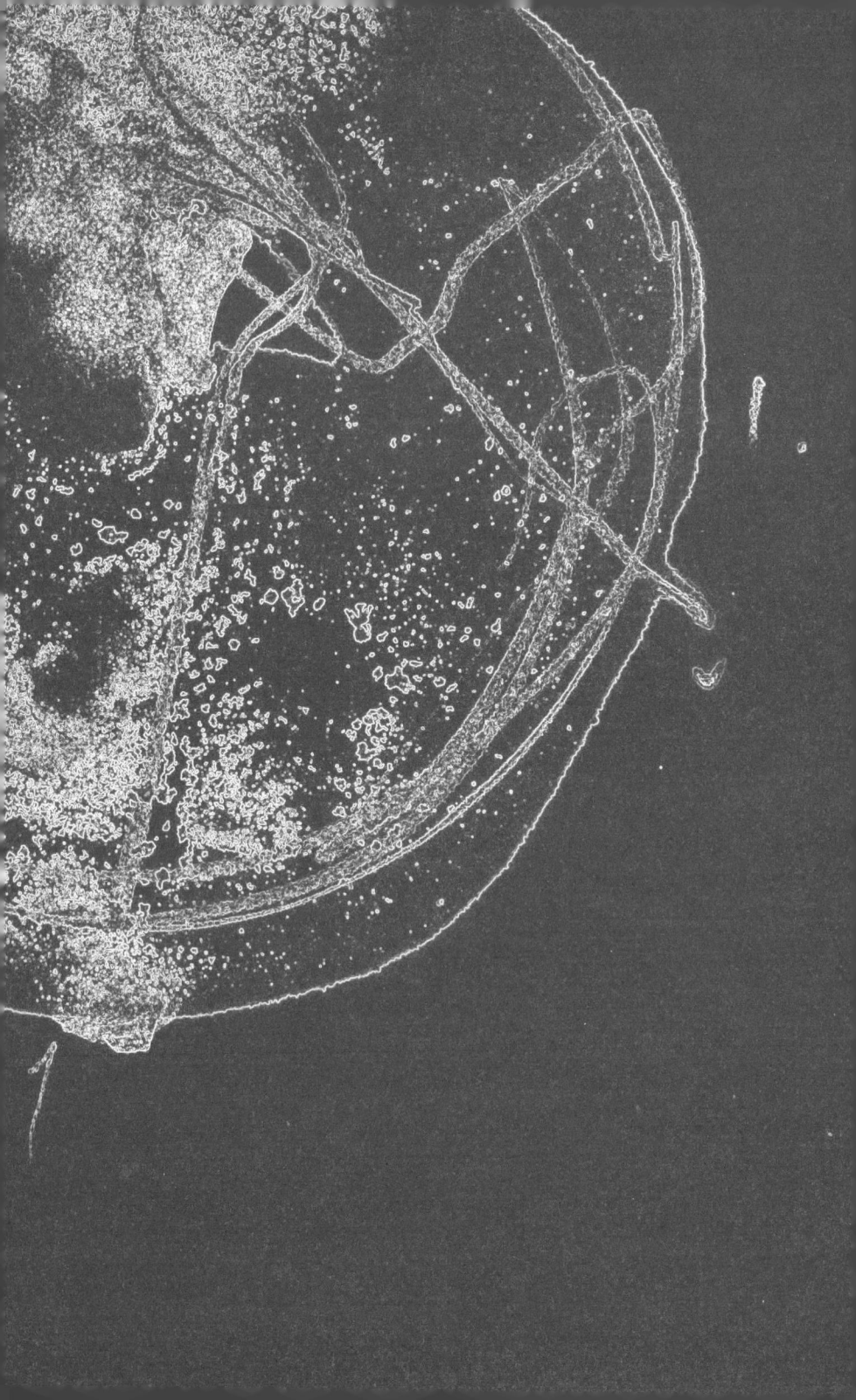

Relicário

NÓS
NÓS
NÓS
NÓS SOMOS
MUITAS
MUITAS
MUITAS
MUITAS
MUITAS

Pedro Meira Monteiro

com participação de
Arto Lindsay,
Flora Thomson-DeVeaux
& Rogério Barbosa

ensaios sobre crise, cultura e esperança

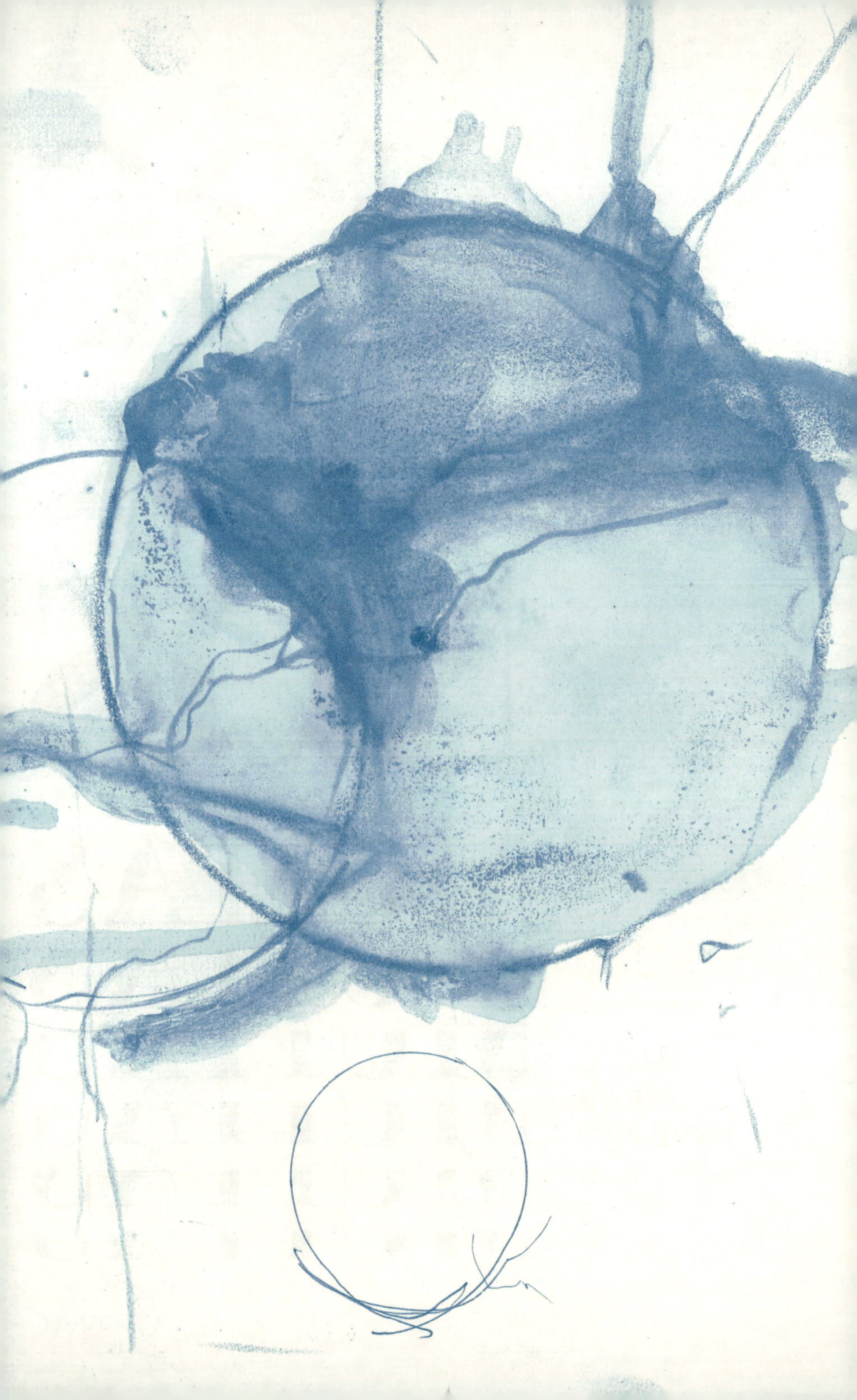

10
Introdução

11
Nós somos muitas: crise, cultura e esperança

31
Quatro pessoas e um livro

35
Ensaios

37
Nós somos muitas

41
O além do laço: de Nietzsche a Lady Day, passando por poetas e buracos

45
Freud, Hitler e o moralista

49
Um confuso ruído (Tchaikovsky e 2013)

55
Do instante ao canto: o vão do universo (Zé Miguel Wisnik)

61
O pai, lá em cima (Chico e Sérgio Buarque)

65
O mestre e o exílio do pai da Semana (Mário de Andrade e Sérgio Buarque de Holanda)

69
Cenas de leitura (Piglia)

77
Literatura e respiração: Ricardo Piglia (1940-2017)

83
Hatoum e os fantasmas

87
À deriva (Heitor Dhalia)

89
A classe das almas

91
Espreguiçando-se (Kafka)

93
A sombra e a sobra

95
Leitura e superfície: abrolhos

99
Duas meninas (abandonadas)

103
O que é isso, Caetano? (Revolução, culpa e desejo)

121
Falo da PUC:
dos padres
e de Zé Celso

125
O domínio da
música (Richard
Strauss)

131
Karajan e a espada

133
Baile com a morte
(Strauss)

137
Antonio Candido:
a literatura contra
a morte

141
A síncopa: por que
ela, agora, aqui?

151
A gambiarra como
destino (de Hélio
Oiticica a Daniela
Thomas)

179
A Bahia tem um
jeito (para o Brasil)

189
Onde estão as
mãos pretas
(Caetano Veloso)

201
Bios

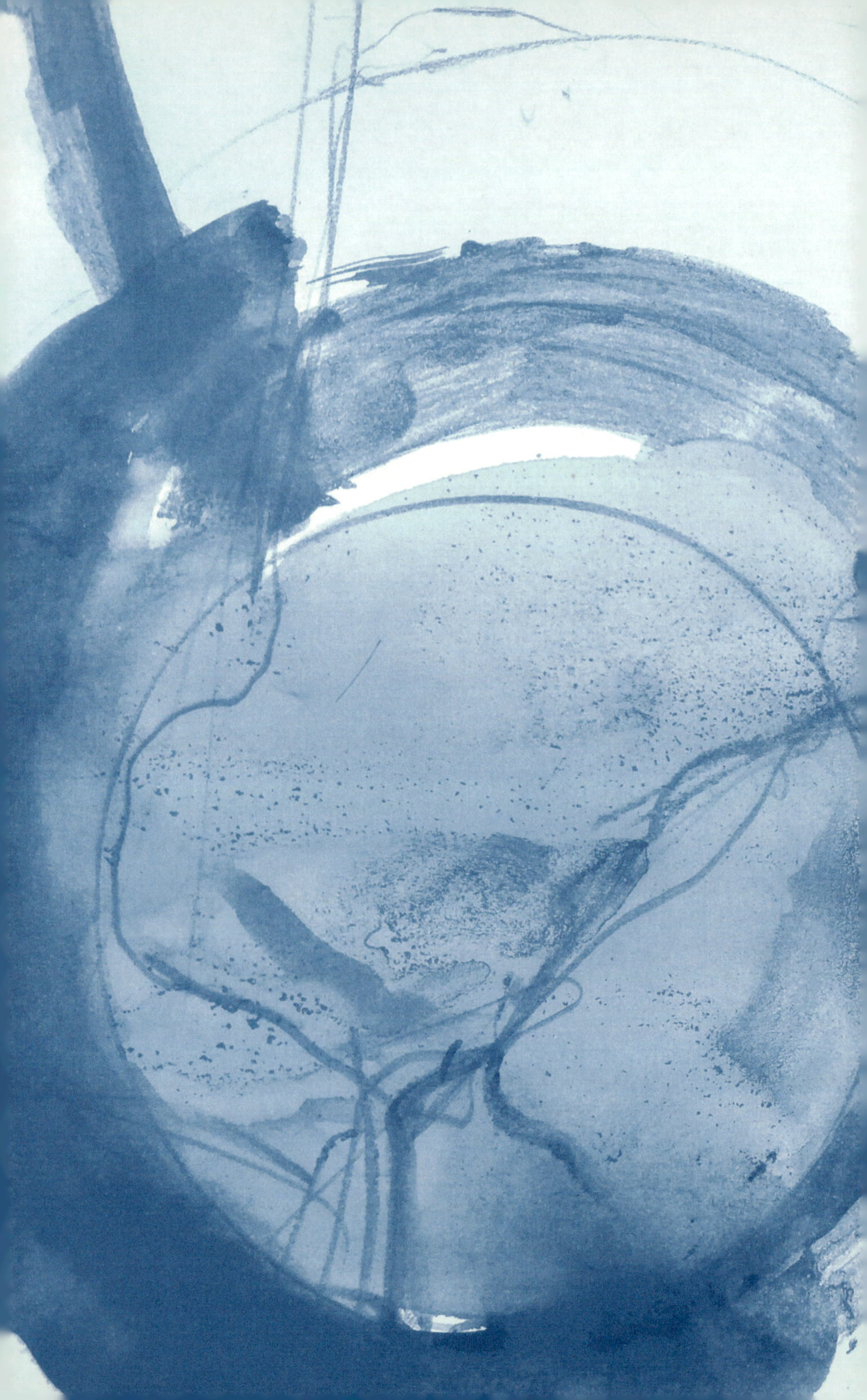

Introdução

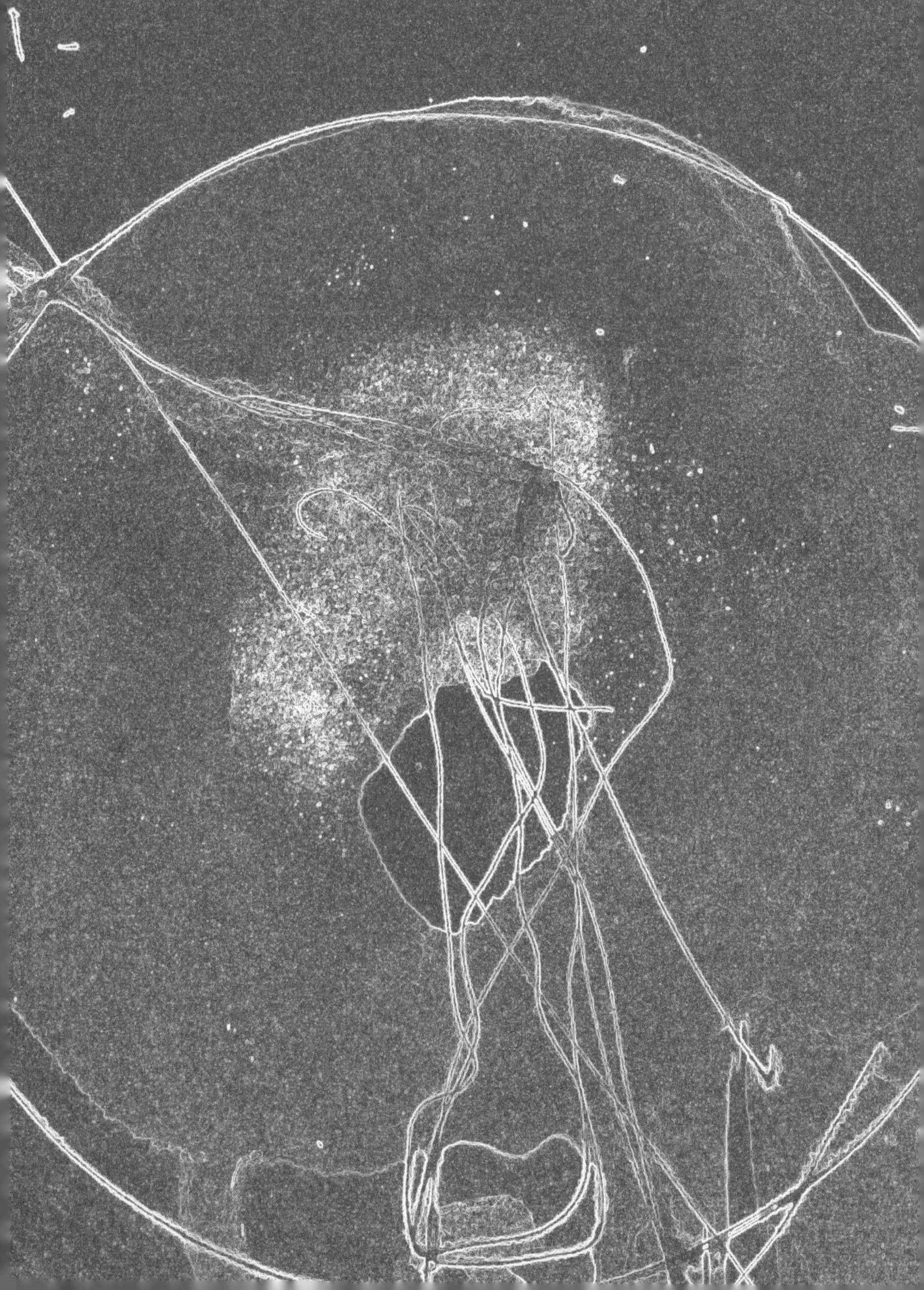

Nós somos muitas: crise, cultura e esperança

> ... it is also that you have a destination that doesn't include acting like this moment isn't inhabitable, hasn't happened before, and the before isn't part of the now as the night darkens and the time shortens between where we are and where we are going.
> **Claudia Rankine,**
> *Citizen: An American Lyric*

Crise

Os textos aqui reunidos foram escritos ao longo de mais de uma década. Boa parte foi concebida quando a atual guinada autoritária ainda não havia se desenhado, ao menos não com tanta clareza. O livro deveria ter sido publicado em 2020, mas a pandemia adiou nossos planos. Ele sai num momento em que os impasses diante da crise democrática, no Brasil e no mundo, subiram muito de volume. E entra na gráfica, literalmente, em meio às eleições de 2022, que são também um balanço dessa mesma crise.

Curiosamente, vários ensaios são testemunhos de um tempo em que ainda era possível colher, no presente, a promessa de uma sociedade menos desigual. Na parte pouco respeitável da herança que pesa sobre o Brasil, destaca-se o preconceito de cor, classe e gênero, cuja origem remota está no passado colonial e na escravidão que o país levou ao seu limite, abolindo-a tarde e demorando a estabelecer uma rede de direitos sólida.

Este livro quer ajudar a compreender o significado dessas tardanças, mas pretende também ser um sinal da confusa e muitas vezes alegre busca por uma experiência social mais justa — aquela que, em alguns momentos da redemocratização, a partir de 1988, parecia repontar, entre tímida e espevitada, no horizonte. Não deixa de ser irônico que o otimismo difuso que atravessa este livro faça sentido agora que, no lugar da esperança, ressurgiu a espera, com seu duplo convite à paciência e à impaciência.

Pode até haver um Brasil pós-Bolsonaro. Mas um Brasil pós-bolsonarismo é mais difícil de divisar. Obviamente, o bolsonarismo não é um fenômeno isolado. Ainda assim, os sinais de que a onda autoritária era na verdade um tsunami escaparam a muita gente. No Brasil, vários estivemos olhando para o lado, imaginando ser impossível que a esperança de parte tão expressiva da população pudesse afiançar uma aventura autoritária como a que se desdobrou e se desdobra diante de nós.

As personalidades vulgares que preenchem o vácuo deixado por um sistema político falho têm sido identificadas como "populistas". A expressão é pobre e deriva de uma utilização pouco criteriosa do termo. O populismo, afinal, é uma forma política cheia de variantes e com larga tradição, especialmente na América Latina. Ressalvadas as diferenças, e a despeito de seu apego diverso a princípios democráticos, líderes como Vargas e Lula — ou mesmo Perón, na Argentina — responderam a anseios coletivos de forma complexa e bem pouco vulgar. Para entender a força de seu apelo é preciso espírito analítico e senso das nuances.[1]

Obviamente, não estou sugerindo que, ao contrário do lulismo ou do varguismo, o bolsonarismo seja um fenômeno simples. Como fica claro a quem leia as análises e os prognósticos disponíveis até aqui, estamos ainda engatinhando para entender o capitalismo em sua fase — para dizê-lo de alguma forma — digital. Mas se o fenômeno político enfrentado no Brasil é complexo, a atuação de seu líder parece menos complicada. A resposta que o

---
1. Penso aqui na atualidade da matriz de Laclau para a definição do populismo. Ernesto Laclau, *On Populist Reason*. Londres: Verso, 2005.

presidente eleito em 2018 deu ao desamparo coletivo é pouco nuançada, para dizer o mínimo. Não seria preciso sequer analisar sua inação diante da recente pandemia para perceber que o descaso é elemento constitutivo de sua visão de mundo. Afirmo-o sem paixão, apenas tentando compreender essa espécie de transe macabro que permitiu a uma enorme parcela dos brasileiros depositar seu voto de confiança numa pessoa como Bolsonaro.

A estridência do que Bolsonaro diz se constrói sobre um vazio de significação, com as palavras perdendo o lastro que as conecta à realidade. Não se trata apenas do tom mortiço ou da fala truncada que caracterizam seu discurso, mas de uma forma errática de pensar e atuar.

Seja como for, as atrocidades conjuradas aos quatro ventos passam longe da simples bravata. As ameaças que ouvimos (matar, violar, destruir) pulsam com força, revelando o poço sem fundo do clamor coletivo por uma solução final para todos os males que nos afligem e que, com grande justiça aliás, se afiguram insuportáveis. Hoje é mais fácil perceber que o bolsonarismo é a ponta de um processo longo e de largo alcance, que ia se gestando há muito.

Sejamos claros, sobretudo nestes tempos em que o verniz democrático recobre a gesta autoritária e em que a grande imprensa ainda evita dar nome ao monstro: trata-se de uma batalha contra um modelo civilizacional calcado em conquistas coletivas. Esquematicamente, pode-se dizer que o antiglobalismo professado por muitos daqueles que sustentam o bolsonarismo não é mais que o sintoma — profundamente associado à crise das esquerdas — de uma pulsão individualista que vai ganhando terreno e prestígio em várias partes do mundo. Trata-se de um processo de corrosão daqueles valores que permitem identificar, no "outro" desconhecido, um semelhante.

A geleia geral da religiosidade no Brasil vem sendo nutrida por esse espírito bem pouco ecumênico, que desconfia do outro antes mesmo de pensar em acolhê-lo. Dito de outra forma, a pedra fundamental do universalismo paulino vai cedendo, e um movimento tectônico leva de roldão aqueles que se acreditam cristãos, mas que se veem instados a odiar o próximo, desistindo de protegê-lo. Não se pode desconsiderar o vetor de morte que orienta o desejo doentio pela sobrevivência dos eleitos, entendidos como aqueles que merecem viver, enquanto os outros podem ser descartados. Talvez o grito mais radical, no contexto político de hoje, seja aquele que volta às raízes teológicas do primeiro cristianismo e conclama, contra o império de Tânatos, a desejada "morte da morte". Trata-se, em suma, daquilo que um pensador evangélico chamou, diante do poder do coronavírus, da busca pela "morte do que nos faz morrer em vida"[2].

A política, mais que nunca, é pulsão. Mas é justamente aí, diante dos desejos mais recônditos e diante da memória coletiva, que a cultura tem muito a dizer.

A questão é a definição, bem como o lugar desse "próximo" que se quer manter cada vez mais longe. Indígenas, gays, comunistas, feministas, negros, mulheres, transgêneros, refugiados: a lista poderia se estender ao infinito e se torna cada vez mais complexa porque o ódio atravessa "democraticamente" todas as categorias. Há pobres que detestam negros, há misóginos entre os gays, há ricos e pobres preconceituosos, há refugiados que odeiam refugiados e, sobretudo, há racismo por todos os lados, sob todas as formas imagináveis. A escala dos preconceitos é gigantesca, mas eles operam sutilmente, em contextos específicos e de forma sempre relacional.

....
2. As expressões, glosando a Epístola aos Romanos, são de Henrique Vieira em seu diálogo epistolar com Marcelo Barros. Cf. Marcelo Barros e Henrique Vieira, *O monge e o pastor: diálogos para um mundo melhor*. Rio de Janeiro: Objetiva, 2020. Convém ainda lembrar que o rumo dos movimentos evangélicos no Brasil é um planeta que mal começa a ser explorado. Sobre o papel histórico do catolicismo como possível "mediador cultural do país" e o cenário aberto pela eleição de Bolsonaro em meio à ascensão dos movimentos neopentecostais, veja-se Ronaldo de Almeida, "Deus acima de todos" in *Democracia em risco? 22 ensaios sobre o Brasil hoje*. São Paulo: Companhia das Letras, 2019.

Como desmontar a bomba que vem se armando sobre esses preconceitos, e que fez, da incompreensão, cimento das relações sociais no Brasil? Que o bolsonarismo esteja calcado sobre a mentira é fácil de constatar. A famigerada produção de *fake news* tornou-se uma arma a que quase nenhum candidato resiste. Mas o bolsonarismo não parece utilizar notícias escabrosas e inacreditáveis como simples estratégia eleitoral. Elas são a essência de um movimento que torna impraticável o debate público, criando incessantes "fatos" que se convertem em foco de uma atenção errática — uma espécie de *atenção desatenta* que rejeita a complexidade do mundo e nos faz mergulhar naquilo que é, frequentemente, um universo paralelo.

Em seu projeto de acompanhar, no tempo real da escrita, a "catástrofe" brasileira, Ricardo Lísias analisou a admiração de Sergio Moro pelos quadrinhos de Batman, lembrando que o herói solitário se julga forte o suficiente para enfrentar sozinho todo o sistema corrompido:

> Há muita transição, no geral realizada bruscamente. Predomina o escuro e às vezes a cor muda de repente. O tamanho dos quadros também varia muito, bem como os próprios assuntos tratados. Tudo está em franco movimento. O dinamismo é decisivo para a forma como o neofascismo se estrutura, a propósito[3].

"Dinamismo", no caso, refere-se à onda frenética de falsas notícias e meias-verdades, cada uma delas uma espécie de estalido que, ao fim, não deixa ouvir nenhum discurso coerente.

....
3. Ricardo Lísias, *Diário da catástrofe brasileira: ano I: o inimaginável foi eleito*. Rio de Janeiro: Record, 2020.

A zoeira veio para ficar e é talvez a nova forma do discurso político[4]. Mas a cultura é, justamente, o espaço em que o ruído é testado, funcionando como uma câmara de ecos e luz em que se experimenta o sentido que talvez ainda exista em meio àquilo que vamos vendo e ouvindo, entre a inquietação e a curiosidade.

Cultura

Em seu duplo fio, a cultura é cortante porque desenha horizontes coletivos e ao mesmo tempo mantém o indivíduo em tensão com o grupo, criando espaços em que "pertencer" nunca é algo simples. À queima-roupa: quem pode dizer que pertence ao Brasil de hoje? Quem se vê representado no que uns e outros chamam de pátria amada?

Os ensaios que seguem não foram escritos com uma única intenção. Eles respondem a demandas específicas e, em alguns casos, à urgência de querer dizer algo, num certo momento. Vários foram publicados em revistas, jornais e blogs, enquanto outros saíram ao sabor de uma "pena vadia", que é como chamo meu próprio blog. Mas todos, ou quase todos, acabam inquirindo essa tensão entre pertencer e não pertencer, entre estar e não estar, entre ficar e deslocar-se diante dos signos do pertencimento. A maioria dos textos pergunta por experiências "brasileiras", enquanto alguns esticam o olhar e chegam a contextos bastante específicos de outros países e outros tempos, quase sempre marcados pela tensão entre o indivíduo e o grupo.

O livro é também resultado de um desejo de soltar-se das amarras da escrita acadêmica. No entanto, há uma cumplicidade profunda entre o que eu ia produzindo no plano acadêmico e o que essa outra escrita, em geral mais leve, me permitia dizer. A propósito, a reflexão sobre

....
4. **Not a Translator's Note**: zoeira, hum, buzz, racket, lulz.

o duplo aspecto da cultura — como coação e abrigo simultâneos — orientou dois livros publicados no período.

O primeiro é uma edição comentada das cartas trocadas entre Mário de Andrade e Sérgio Buarque de Holanda — livro que contém um longo ensaio sobre a noção de cultura e pertencimento nos dois autores, para os quais a comunidade é uma forma agônica de compartilhamento[5]. O mesmo eixo regressaria num livro publicado no Brasil e nos Estados Unidos, em que Sérgio Buarque serve de guia para refletir sobre o princípio identitário em crise. Em português, seu título é *Signo e destero*; em inglês, ele foi rebatizado como *The Other Roots*. Se o "outro" do título em inglês pode funcionar como adjetivo ("as *outras* raízes"), intrigava-me que a palavra pudesse ser lida, por um estrangeiro como eu, também como substantivo ("o *outro* se enraíza"). Em inglês, seria preciso dizer "*the Other takes root*". Mesmo assim, o equívoco na tradução é bom para pensar, pois o que é próprio sempre corre o risco de uma invasão, como se o "outro" espreitasse qualquer definição identitária.[6]

Tal questão ressurge em vários textos. "Nós somos muitas", por exemplo, deu título ao livro e vem em primeiro lugar porque ali se desdobra uma pergunta sobre os limites do pertencimento. São cenas vividas em

....
5. Pedro Meira Monteiro, "Coisas sutis, *ergo* profundas" in *Mário de Andrade e Sérgio Buarque de Holanda: correspondência*. São Paulo: Companhia das Letras/Edusp/IEB-USP, 2012, p. 169-360.

6. Pedro Meira Monteiro, *Signo e destero: Sérgio Buarque de Holanda e a imaginação do Brasil*. São Paulo: Hucitec/E-galáxia, 2015. Pedro Meira Monteiro, *The Other Roots: Wandering Origins* in *Roots of Brazil and the Impasses of Modernity in Ibero-America*. Trad. Flora Thomson-DeVeaux. Notre Dame: University of Notre Dame Press, 2017. Um terceiro livro ajudou a formar o pano de fundo para a reflexão sobre identidades que nunca se fixam. Refiro-me a um projeto que me levou a convidar um grupo de colegas a escrever sobre a experiência de ensinar literatura brasileira em contextos de não especialização, o que nos conduziu a uma reflexão ampla sobre a pedagogia do literário. Pedro Meira Monteiro (org.), *A primeira aula: trânsitos da literatura brasileira no estrangeiro*. São Paulo: Hedra/Itaú Cultural, 2014. O livro tem versões para download gratuito em português, inglês e espanhol: http://www.itaucultural.org.br/a-primeira-aula.

Portugal e que trouxeram à memória o passado da ditadura, cujos estertores no Brasil minha geração viveu e vê agora retornarem, como se uma criatura moribunda entrasse de novo no palco fazendo de conta que nada se passou. Mas o texto é também uma pergunta, como se verá, sobre os limites da festa inclusiva em que todas as diferenças são possíveis: os limites nem sempre confessáveis da utopia, digamos assim.

Os limites da utopia regressam em outro texto ("Falo da PUC: dos padres e de Zé Celso"), quando lembro que, após a festa, há que varrer a praça e retomar o trabalho cotidiano. Para além da metáfora, devemos ser literais e perguntar por aqueles que *de fato* varrem a praça. Quem colhe a sujeira produzida no calor da festa participa de seu sentido comum, ou lhe é completamente estrangeiro? Estaríamos sempre fadados a ver o último na escala social — o mais pobre, o alienado, o desassistido — desaparecer, tornar-se invisível na realidade concreta do mundo contemporâneo? Esse é outro ponto deste livro: embora necessárias, as metáforas são sempre um pouco enganosas. Alguém está de fato trabalhando neste exato momento para que estejamos aqui, cara leitora, dividindo estas ideias generosas. E essas tais ideias são compartilhadas por quem, além de mim e você? Este livro é também sobre o privilégio social da leitura.

Oscilei, por algum tempo, entre o título atual ("Nós somos muitas") e outro, que me parecia provocativo e eficaz: "O que é isso, Caetano?". O ensaio que leva tal nome tem como foco a polêmica entre Caetano Veloso e Roberto Schwarz sobre *Verdade tropical*. Àquela altura, interessava-me a dimensão do desejo diante do plano coletivo. O que significa ser acusado de alienado, quando se discute a resistência no âmbito da cultura? Schwarz critica em Caetano certa soltura e um suposto descompromisso diante das relações concretas de exploração. Mas a soltura, no caso, não é também a experimentação de um desejo com o qual largos setores da esquerda nem sempre se deram bem, em sua defesa obstinada do rumo histórico? O título do ensaio joga, é claro, com *O que é isso, companheiro?* No contexto da abertura brasileira, o livro de Fernando Gabeira foi uma reflexão importante sobre a possibilidade de desvio num universo que, pautado pela retomada democrática, era ainda assombrado pela luta armada e pela lógica binária da Guerra Fria.

O desejo, como tema, regressa em "Nós somos muitas", voltando-se para questões de gênero. Mas o texto é também sobre o preço que pagamos quando pensamos exercer aquilo que supomos ser nosso desejo. O que fica para depois, quando realizamos um desejo? A resposta é assustadora, porque, queiramos ou não, abandonamos muita gente quando fazemos o que queremos. É uma questão lógica, mas é também a grande questão da política: desejar é entregar-se ao impulso da ação, mesmo quando ela é coletiva; mas e quando a ação já é o puro gozo de um sujeito que se sente solto no espaço, liberto... inclusive dos outros, e talvez de todos os outros? Quem fica para trás, quando embarco no meu desejo?

Desejo e poder aparecem, em vários dos ensaios aqui reunidos, como dois lados de um espelho, referidos ora à música, ora ao cinema, mas também ao ensino, aos sonhos, ao consumo, aos conflitos sociais, ao debate racial, à literatura. No horizonte do livro está também o isolamento daquele que deseja. Em "Além do laço: de Nietzsche a Lady Day, passando por poetas e buracos", a pergunta recai sobre o flerte, nem sempre resolvido, da poesia com a potência. Em "Freud, Hitler e o moralista", as forças que controlam a nossa psique são mapeadas pela psicanálise enquanto o totalitarismo corre solto. Em "O que é isso, Caetano?", a ética individualista do consumo vai de par com a ascensão de novos sujeitos políticos ao longo das últimas décadas. Em "O pai, lá em cima (Chico e Sérgio Buarque)", o poder patriarcal se sustenta no silêncio que a ficção invade com delicadeza. Em "À deriva (Heitor Dhalia)" e "A classe das almas", a vagareza marca uma aproximação que atenua os choques, sem anulá-los. Em "Antonio Candido: a literatura contra a morte" e "Hatoum e os fantasmas", a morte, menos que uma ameaça, é o horizonte que torna possível a fabulação. Nos ensaios sobre música, figuras tão diversas quanto Tchaikovsky, Wisnik, Strauss, Karajan e Lorca perscrutam as fontes do ataque sonoro, ou do impulso que mantém a voz ativa e potente. De onde vem o sopro e aonde nos leva? A que territórios da fantasia nos conduzem o som e o silêncio? O que ouvimos e vemos, quando escutamos? São perguntas também sobre o desejo de soltura e a vontade de domínio que operam em nós como uma gangorra.

Quem somos quando pensamos em todos os outros seres deste mundo? O desejo pode às vezes nos fazer mergulhar num sentimento cósmico, mas… não seria esse sentimento apenas a ilusão do pertencimento irrestrito ao mundo? E quando o "mundo" é a sociedade global em sua intrincada rede de poderes? Será que aguentamos pensar em todos os outros que habitam este planeta, ou é preciso esquecê-los por um momento, para continuar a viver e a desejar?

O regime do desejo é um dos temas que, à sua maneira, dão eixo a este livro. Recentemente, o problema ganhou nova dimensão para mim. Como parte do coletivo curatorial da Flip — Festa Literária Internacional de Paraty — , pude me aprofundar na chamada "virada vegetal". Entre muitas outras questões, a ideia de uma ética coletiva adquire novo sentido quando a separação entre o "eu" e o que seguimos chamando de "natureza" se esvai. Discutida com os demais curadores, tal ideia organizou a programação da Flip de 2021 e se aprofundou na parceria com Anna Dantes e o Ciclo Selvagem, quando, ao longo do primeiro semestre de 2022, em aulas híbridas, eu e um grupo de estudantes de Princeton dialogamos com as colegas no Brasil sobre a radicalidade de uma experiência coletiva não mais pensada em termos apenas humanos, mas dentro daquilo que se postulou como a teoria de Gaia[7].

A noção da Terra como uma nave frágil que nos cabe proteger tem consequências no plano literário e político. A suave politização do espaço permite compreender relações de interdependência muito profundas, em grande parte invisíveis, mas cuja existência determina os limites éticos da ação. É claro que as cosmovisões ameríndias, em sua pluralidade, contemplam esse horizonte de interdependências de forma muito mais eficiente que a mentalidade ocidentalizada que, desconsiderando o preço social e ambiental de seu avanço, postula a ocupação utilitária da Terra.

Chama a atenção que o desejo e o sonho possam ser concebidos coletivamente, não como projeto consciente, mas como vivência profunda. Trata-se de outra espécie de utopia, que não se separa da realidade nem se imagina

………
7. As mesas de 2021, quando a Festa Literária Internacional de Paraty teve como tema "Nhe'éry: plantas e literatura", podem ser vistas no canal YouTube da Flip. Foram curadores, além de Anna Dantes e eu, Hermano Vianna (que teve a ideia original de uma Flip com esse tema), Evando Nascimento e João Paulo Lima Barreto, do povo Tukano. Destaco o filme de Iara Rennó, *Transfloresta — Ato I*, produzido para a ocasião (https://youtu.be/WlfKsizNA7I), e o livro *Ensaios Flip: plantas e literatura* (https://flip.org.br/2021/principal/ensaios-flip/). A experiência do coletivo curatorial se estendeu à Flip de 2022, da qual também sou curador junto a Milena Britto e Fernanda Bastos. Essa história não tem nem começo nem fim claros, mas possui muitos galhos. Pensando em alguns deles, recomendo o filme experimental produzido coletivamente no seminário em Princeton, *Gira Cósmica* (https://youtu.be/fW5JP-a_3XM), com Ailton Krenak, José Miguel Wisnik e Iara Rennó. Nele, nossos convidados tentam responder à questão: o que é a "dança cósmica" mencionada pelo autor de *Ideias para adiar o fim do mundo*? O mote é a pergunta que Wisnik fizera a Krenak num programa televisivo: como é possível falar da crise contemporânea com tamanha leveza? Krenak lhe responde com outra pergunta: "se você fosse chamado para uma dança cósmica, ia ficar cabisbaixo, ou ia sair, saltitante?" A cena deu o gancho para nosso curso em Princeton, em parceria com o Selvagem. Costumo dizer que o filme pretende continuar o Roda Viva ali onde o programa terminou, ou talvez, para ser justo, ali onde o diálogo realmente começava. A conversa inteira pode ser vista também no canal YouTube do Selvagem (https://youtu.be/UJvRioBMSN8).

como uma ilha distante. Em outros termos, trata-se da vivência plena do encontro.

A arte contemporânea tem muito a dizer sobre a possibilidade ou a impossibilidade desse encontro pleno. Penso aqui na obra fotográfica de Claudia Andujar, por exemplo. Mais que mirada curiosa, ela é o registro do próprio encontro, com o luxo de que, graças a seus experimentos técnicos, ela permite ver o invisível. Mais que espíritos individuais, os *xapiri* dos Yanomami — flagrados no jogo de luz e nos borrões da vaselina espalhada pela lente da câmera — são guardiões invisíveis das florestas, como se o passado animal de todos nós pudesse regressar e proteger o que, de outra forma, acabaríamos por destruir.

O horizonte ético que desponta dessa consciência sobre o perigo da destruição e sobre a vivência coletiva reaparece, é claro, nos novos poderes que vão surgindo pelas mãos e nos corpos de mulheres, trans, jovens, indígenas, negras, negros e negres, ativistas e pensadoras de um outro tempo, que este livro procura observar com cuidado e muita curiosidade.

Não me furtei a tomar posições num terreno escorregadio para mim, um brasileiro branco, crescido num momento e num ambiente em que essas questões todas mal tinham começado a ser discutidas. Some-se a isso minha origem de classe média e "educada": as aspas ficam aí, penduradas, como derradeira pergunta sobre o privilégio da educação formal, que está no centro da minha reflexão, como uma questão também muito complexa. É o que aparece, especialmente, em "A Bahia tem um jeito (para o Brasil)".

O lugar de fala, como se verá em "A gambiarra como destino (de Hélio Oiticica a Daniela Thomas)" e "Onde estão as mãos pretas (Caetano Veloso)", é uma questão e mesmo um tema fundamental neste livro. Penso aqui em posições sociais e no capital simbólico, mas também em experiências e sensibilidades autorizadas por uma geografia social desigual, travejada por preconceitos imemoriais. E quem diz imemorial, diz estrutural.

A consciência sobre essas questões, e mesmo a possibilidade de tomá-las em conta na hora da escrita, é algo que se tornou mais agudo para mim nos últimos anos. Nesse sentido, vejo este livro também como o testemunho de um lento amadurecimento, que vai de par com o aumento significativo, mas ainda totalmente insuficiente, de corpos negres nos meios em que eu circulo, assim como nas redes de amizade e interlocução que sustentam um livro como este.

Nessa toada, penso que, ao dramatizar os lugares de fala, a política que inquire o desejo pode ser muito mais interessante que aquela que se aferra à identidade. Afinal, queiramos ou não, a fantasia sobre as próprias origens é embaralhada assim que nos abrimos ao que vem lá, seja ele ou ela — ou nem ele nem ela — o que for. O ponto, no caso, é que as posturas identitárias mais arraigadas nem sempre conseguem contornar a estrutura de um pensamento erguido sobre as origens. Tal discussão assombra o debate contemporâneo. Mas apenas uma concepção que politize o espaço de fala pode contornar a ilusão sobre o ponto de vista neutro de onde se proferem as palavras. É preciso uma tomada de consciência, mas também de posição. É o que percebo quando Djamila Ribeiro recupera o "medo apreensivo" com que Grada Kilomba se refere ao temor, mas também à necessidade, de *escutar* em contextos de dominação colonial e pós-colonial: "é necessário escutar por parte de quem sempre foi autorizado a falar"[8].

Ao final deste livro, em "Onde estão as mãos pretas (Caetano Veloso)", a questão regressa na postulação de um lugar de fala que seja também um lugar de escuta, mas um lugar de escuta de onde se deve falar. O xis da questão é que uma fala que já foi atravessada pela escuta vê suas certezas serem atenuadas, ou simplesmente desfeitas.

---
8. Djamila Ribeiro, *Lugar de fala*. São Paulo: Pólen Livros, 2019.

Para colocá-lo na forma de uma pergunta: as certezas são proclamadas, alto e bom som, peito erguido; mas quem pode jurar de pés juntos quando escuta?

Lembro de minha curiosidade quando, há vários anos, ouvi pela primeira vez a expressão "lugar de escuta". Ela era utilizada por alguém que não se considerava apta a falar de um campo que pertenceria apenas a outros, ou outras. O seu "lugar de escuta" a fazia silenciar, espontaneamente, como se uma linha a separasse de um terreno proibido, vedado a quem, como ela, se identificava com as lutas em pauta, mas não se supunha autorizada a falar da experiência alheia.

Há uma diferença importante entre falar "no lugar" de alguém e falar das experiências de outras pessoas, como as vemos, mas também como as sentimos, depois de tê-las escutado — ou *enquanto* as escutamos. O problema é imenso, sobretudo num país que construiu inúmeros mitos sobre a dadivosa presença do "outro" no palco da aventura coletiva. Diante do acelerado esgarçamento do tecido social, a pergunta que ainda me assombra é se é possível, e mesmo desejável, encontrar um fio comum no meio dessa fértil confusão.

De novo, conviria pensar nesse "outro", que tento escutar, em termos bastante concretos. Que história têm os outros de que falo: quem são eles, o que sofrem ou sofreram? Quem está falando e quem está escutando, de onde e quando? Em que momentos o mito da convivência desliza e se converte na ideologia que encobre o racismo e o classismo que dão tom à sociedade? Há muita gente, ainda hoje, que não acredita no racismo brasileiro, sem se dar conta de que sua negação é uma das formas mais insidiosas do preconceito.

Eis aí uma pergunta difícil, que atravessa este livro: o que esperar de um país como o Brasil, com seus mitos e sua suposta suavidade?

Adoro a provocação de Roland Barthes, para quem, estatisticamente, o mito está à direita. Para além das coincidências imediatas e infames, quando o mito se desfará de vez? E o que restará, depois que as fantasias tiverem desmoronado? Veremos então a realidade bruta? Mas o que é ela? Quando e como a encontraremos? E quem somos, ou o que é esse pretenso e talvez pretensioso "nós"?

Esperança

O tempo, à espera... À medida que ensaiava escrever esta Introdução, eu ia tomando notas. "O tempo, à espera" é uma frase que tentei várias vezes escrever no programa de notas do meu telefone, e que o corretor teimosamente alterava, retirando a crase: *o tempo, a espera*.

Cada vez mais acredito no inconsciente das máquinas. Surpreende-me a insistência com que os corretores automáticos nos fazem encarar, a contragosto, uma alternativa ao que queremos escrever, e que às vezes é uma deriva que tentamos logo apagar, como aliás fazemos com o desejo, que aponta para um lugar não de todo transparente, que olhamos meio desconfiados, sem a certeza de que vale a pena seguir naquela direção.

Um dia, no metrô em Nova York, com o telefone nas mãos, a retirada da crase me fez congelar. E se já não estamos mais à espera? Se o futuro, concebido pela nossa visão desejosa, já não é mais possível? E se o futuro nos foi roubado de vez? Se a chance de estar "à espera" foi substituída pelo tempo infinito dessa coisa que se chama "a espera"? E se toda a deriva tiver sido suspensa? Terá a esperança se convertido no simples ato de esperar indefinidamente?

Não é sequer preciso voltar a Beckett para perceber que a espera é a condição para inquirir o sentido. O que vem lá? Mas por que deveria vir? E o que fazemos aqui, esperando Godot? Ao invés da espera que joga o encontro para o além, gosto da saída nietzschiana de Zé Celso, cujo grito ouvi recentemente, no intervalo de uma encenação da peça de Beckett no Teatro Oficina, em São Paulo: "Godot morreu"!

O substantivo (penso na palavra *espera*, neste caso) é uma tentativa da linguagem de se voltar às coisas e chegar perto de sua natureza, como que imobilizando-a. Os gramáticos antigos, todos glosando Aristóteles, falavam em "acidente" quando pensavam na mudança dos seres. Mas era sempre o verbo, e não o substantivo, que dava conta desses acidentes, isto é, da alteração do mundo. O substantivo, acreditavam alguns deles, era uma invenção para se chegar perto da essência, acercando-nos de algo inamovível.

Ainda que aceitássemos essa crença antiga, sabemos que a linguagem é, ela mesma, profundamente móvel, e que as "substâncias" ganham novas configurações a todo instante. O que resta de "acidental" no mundo é algo que certa teoria contemporânea adora elaborar, chamando nossa atenção para o que há de gratuito no devir. O *devir*, afinal, não obedece a uma lógica predeterminada da ação; ao contrário, ele permite ver que o mundo se renova na ação concreta e imprevisível de quem vive nele (e daquilo que vive nele, para além do humano). O discurso pode tentar controlar esse rumo indefinido, mas é de sua natureza mesma falhar. As palavras estão sempre aquém da vida, como bem se sabe.

Há quem diga que a linguagem é nossa casa. Se assim é, os sujeitos que não se deixam assombrar pelo rumo pré-determinado da história e pelo poder do discurso — ou pelo discurso do poder, o que dá quase na mesma — são capazes de buscar uma casa, digamos assim, muito mais bonita. Uma casa menos sólida, mas ainda assim bem-assentada, será construída no reino silencioso das palavras e dos símbolos. Veremos aqui, em "Duas meninas (abandonadas)", que tal deriva pode levar a um caminho sem fim, alienante e torturante. No entanto, na precariedade de sua humanidade, o *ser* não é jamais um fundamento absoluto, mas sim um fluxo. Fugir do mundo, pela linguagem e suas bordas, é também uma forma de tentar compreendê-lo: de longe, mirando-o com atenção e talvez com o coração.

A natureza das coisas, segundo certa filosofia essencialista, é estática. No caso da *espera* e da *esperança*, esta última se conecta definitivamente ao verbo (ter esperança é estar *à espera*), enquanto a simples espera, desassistida da esperança, nos levaria a um mundo substantivado, já estabelecido e, no limite, imutável. Vejo a espera como uma involução da esperança, como se toda a expectativa de repente caísse no abismo sem tempo das essências.

As coisas *são*. Mas, a acreditar no diálogo de Arnaldo Antunes com a tradição filosófica que investiga a natureza da linguagem, "as coisas não têm paz". Isto é, só nos resta incomodá-las, tirá-las do seu sono essencial. Quando o mundo mergulha no tempo de (ou talvez *do?*) novo, as coisas ficam mais frágeis, longe de sua condição indiscutível. Em tal momento, longe das essências, podemos nos perceber — a menos que a dimensão ética esteja completamente ausente — responsáveis pelas coisas na sua inconstância. Coisas inconstantes, que são também frágeis.[9]

É verdade que, a esta altura do campeonato, talvez já tenhamos posto o mundo num caminho sem volta, lançando-nos na autoaniquilação. Mas talvez não. Quem sabe? Talvez a espera possa cessar e possamos nos ver novamente à espera, no caminho da esperança, deixando-nos finalmente levar por alguma potência capaz de anunciar o ato.

A possibilidade de uma espera infinita aquece tão somente o coração dos que têm fé. Confesso que tenho pouca, ou talvez a tenha guardada num lugar que eu mesmo

....
9. Veja-se, a propósito, o diálogo de João Moreira Salles ("El salvador: a respeito da força e da fragilidade", *piauí*, 147, dezembro de 2018) com os "pensadores da fragilidade". Diante do comando da força, eles se preocupariam, como Simone Weil, com "o perigo de destruição sempre à espreita", esposando a ética franciscana expressa no "cuidado da casa comum", segundo as palavras de Bergoglio. Já o tema da crise e das rupturas históricas é vasto e tem sido trabalhado intensamente. Um clássico, lançado no final dos anos 1970, é o livro de Reinhardt Koselleck, *Futures Past: On the Semantics of Historical Time*. Trad. Keith Tribe. New York: Columbia University Press, 2004.

desconheço. De toda forma, quero lembrar que vários dos ensaios aqui reunidos são também perguntas sobre o que fazer da fé e da esperança, quando a redenção já não é mais possível. O que sobra da imagem nítida que fazemos do mundo, quando olhamos para a sua sombra, como nas vigas que um dia vi e fotografei nas margens de um rio, em "A sombra e a sobra"?

"Nós somos muitas" — a frase que ouvi de uma cabo-verdiana em Lisboa, como logo mais se esclarecerá — é uma resposta vigorosa a esse mundo em que a remissão parece impossível. Não estou sugerindo que um paraíso nos aguarda — nada mais distante de minha intenção neste livro. Apenas quero ressaltar que estes ensaios são também uma reflexão sobre o tempo. Como vivemos o tempo? Como o sentimos, em sua dimensão coletiva e individual? Impressiona-me a metáfora da "respiração artificial", transformada em realidade diante da morte, como se verá num dos ensaios sobre Ricardo Piglia ("Literatura e respiração").

Não se trata, contudo, de uma reflexão filosófica sobre o tempo. Santo Agostinho saía-se assim do embrulho: "que é o tempo? Se me perguntam, eu não sei; se não me perguntam, eu sei." Ao invés de perguntar pela natureza do tempo, procurei explorar o tempo da própria escuta, da observação, da análise e do sentimento. Várias questões éticas se desdobram e se animam, de forma às vezes explícita, às vezes tímida, nos ensaios a seguir: a delicadeza do olhar, a urgência da escrita, a necessidade angustiosa da fala, o que se abre a partir do abandono, e o que se seleciona quando se enxerga algo.

Os textos, em seu conjunto, são ainda uma investigação sobre a própria reflexão ensaística. Fragmentos, ilusão, urgência e espera: tudo se mistura para combater aquela *atenção desatenta* com que iniciei esta Introdução (quando me referia ao bolsonarismo), substituindo-a por algo que talvez pudéssemos chamar de *desatenção atenta*. Mas o que seria uma desatenção assim, temperada pela atenção? Penso aqui numa forma de perceber o mundo menos ocupada com a zoeira e mais aberta à surpresa, exatamente porque pouco lhe interessa seguir os "fatos" insistentemente esfregados na nossa cara, muitas vezes falsos, quase sempre irrelevantes. Uma desatenção, em suma, que nos permitiria a mais profunda e verdadeira atenção, de forma a preservar aquilo que, fosse outro o rumo de nossos olhos, ouvidos e mãos, poderia perder-se. "Distraídos venceremos", como queria Paulo Leminski? Ou outras "formas de atenção", como queria Frank Kermode?

Penso na tentativa de escrever e ao mesmo tempo deixar que o mundo, discreta ou brutalmente, passe diante de nós, resistindo assim à tentação de capturá-lo logo com a rede da linguagem. Mente e linguagem (que não são nada sem o corpo, é claro) são a nossa rede de pesca. Mas com frequência a interpretação se sobrepõe à observação, e a análise torna tudo claro, oferecendo-nos um quadro tão brilhante quanto pobre, carente do jogo de luz e sombra que faz, do mundo, um lugar mais rico. Às vezes é preciso saber ser lento e reconhecer a hora de avançar, chegando tão perto da definição quanto possível, sem jamais reduzir o mundo a ela: atormentar as coisas, sabendo também deixá-las em paz.

O impulso de quem escreve é definido por um tempo que o leitor raramente conhece. Não é minha intenção desvendá-lo. Basta saber que este livro está embebido na sensação de que a espera é angustiante, e que a esperança é um alívio nem sempre disponível. Por isso, aliás, se escreve. Não para passar o tempo, mas para repassá-lo, perguntando pelo que se imaginou que poderia acontecer, e pelo que restou da promessa num tempo de crise.

Princeton, NJ e São Paulo, 2019–2022.

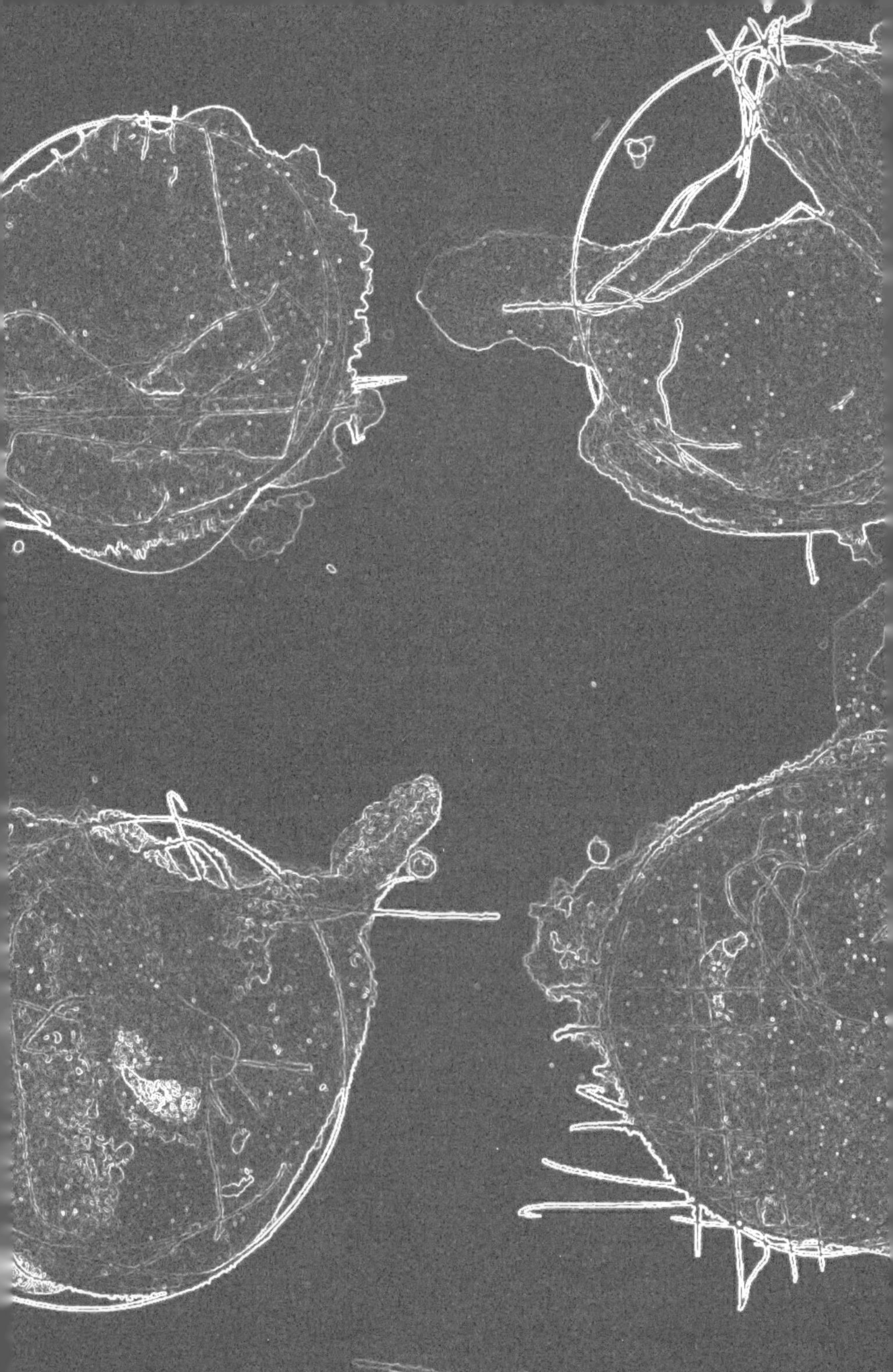

Quatro pessoas e um livro

Quando um livro se forma? Quando ganha unidade e força, com suas qualidades e seus defeitos de livro? Quando o livro passa, digamos assim, de uma ideia a algo que podemos chamar, com alguma segurança, de "um livro"?

Tal pergunta norteia muito da teoria contemporânea sobre a literatura. Deixo-a de lado, aproveitando dela apenas a noção de que, sem leitoras e leitores, o livro não se completa. Não que a "mensagem" dependa exclusivamente de quem lê, para só então, devidamente decodificada, mover os que abriram o livro.

Mais que mover, interessa-me *tocar* quem estiver aí do outro lado, lendo este livro. Tocar com a trajetória que nos trouxe até aqui, ou seja, com o caminho que permitiu ao material reunido ganhar o formato que ele tem hoje, arrastando consigo as dúvidas e as certezas (mais dúvidas que certezas!) que me moveram, num primeiro momento, e que nos moveram — aos quatro que participamos deste livro — , num segundo momento.

Experiências e práticas de composição variadas nos trouxeram até aqui. Mas como definir um livro que contém imagens, sons, línguas e vozes que estão em diálogo e, ao mesmo tempo, mantêm sua autonomia? Desde o primeiro momento em que pensei neste livro, passei a cultivar a ideia de um projeto de caráter coletivo, que hoje envolve, além de mim, Arto Lindsay, Flora Thomson-DeVeaux e Rogério Barbosa. Os quatro nos reunimos numa oficina em Princeton, em meados de 2018, para discutir que livro seria este, e depois no Rio de Janeiro, em 2019, para concluir o projeto. Como acoplar som e imagens num livro sem perder a fluidez de um *work in progress*?

Como sabem os que amam escrever, o ponto final, capaz de dar ao trabalho seu estatuto final de "livro", pode ser profundamente arbitrário. Mas o que seria o ponto final de um projeto como este, em que som, imagem, línguas e vozes estão entrelaçados, sem que "som", "imagem" e "texto" tenham caráter exclusivo? Sem que o som reflita necessariamente o texto, ou que o texto apenas comente a imagem, ou que a imagem ilustre o texto etc.?

O caráter performático de qualquer obra não é nenhuma novidade. No plano dos suportes, há uma tradição de livros-objeto já bastante longeva. Mesmo assim, é sempre um desafio manter a qualidade performática de um livro. Em nossa oficina em Princeton, assumimos o risco de que nosso livro talvez fosse impossível. Abrimo-nos à possibilidade de declarar o projeto fracassado, e chegamos a nos perguntar se não surgiria uma instalação no lugar do livro. Mas este livro não é também uma tímida instalação? Talvez todo livro o seja, em algum grau. Este, porém, quer testar alguns dos limites do que se pode fazer quando há, dentro de um livro, um diálogo a várias vozes.

Em 2019, após a nossa oficina no Rio de Janeiro, Flora, Arto e eu nos reunimos no estúdio Marini, em Botafogo, e gravamos, sob a batuta de Arto e a escuta atenta de Mauro Araújo, as vinhetas que compõem o livro, nos códigos QR. Mais recentemente, Rogério Barbosa se reuniu com Maíra Nassif e Caroline Gischewski para a definição do projeto gráfico, que depois ganhou sua dimensão digital num *site* associado ao livro: https://nossomosmuitas.com.br

Um esclarecimento sobre as notas que aparecem como "**Not a Translator's Note**": são intervenções de Flora Thomson-DeVeaux a partir de expressões em português cuja tradução ao inglês evoca algum estranhamento. Flora leu o texto a contrapelo e foi colhendo nele momentos que mereciam uma reflexão, em geral bem-humorada, de tal forma que ao final o livro ficou coalhado dessas pequenas ilhas em inglês que o tensionam. Sobretudo, as notas não deixam que a discussão se encerre completamente, ou confortavelmente, nos domínios de um idioma. Elas lembram que quando o sentido parece ter sido esclarecido, há sempre algo mais. Esse "algo mais" é um resto, uma sobra em que se contém algo fundamental que escapou ao original. O livro que você tem em mãos é também uma grande suspeita sobre todo e qualquer "original".

É claro que o objeto, seja ele na forma de e-book ou em papel, se encerra nos limites do que pode ser um livro: sequência, tamanho e suporte. Sobretudo, ele não é efêmero como uma instalação. Gostaríamos, no entanto, que este livro fosse também, na medida do possível, uma experiência sensória, isto é, uma viagem que não se contenha totalmente numa forma rígida, nem obedeça a uma linha reta: argumento, exposição, conclusão.

Em seu caráter compósito, passeando por meios e gêneros, este livro é a nossa conclusão. Não uma conclusão única, edificante, que nos faça sentir que terminamos nossa relação com a obra. A conclusão que buscamos é apenas o final arbitrário, mas nem por isso menos importante, de um percurso.

A despeito dos vários pontos finais com que se tenta transformar a experiência em um discurso coerente, sempre sobra algo, aberto. E se tentássemos parar antes do ponto em que se fixa o relato?

Não há fim possível para a história, assim como não há um "fim" na constatação de Rosi, a cabo-verdiana que conheci em Lisboa e que, sem saber, nos deu o título deste livro, quando sussurrou uma espécie de suave profecia: "Nós somos muitas".

Passemos, então, ao "livro". E a tudo o que pode haver dentro dele: de eco, de risco, de palavras. Sempre com a esperança de que, talvez, não estejamos sós em nossa aventura. Vejamos e escutemos *quem vem lá*, em meio à loucura contemporânea. Talvez não seja vão supor que a esperança ainda possa roubar o lugar da espera. Não é menos, nem mais que isto, a intenção deste percurso que agora se encerra, ou melhor, que mal começa.

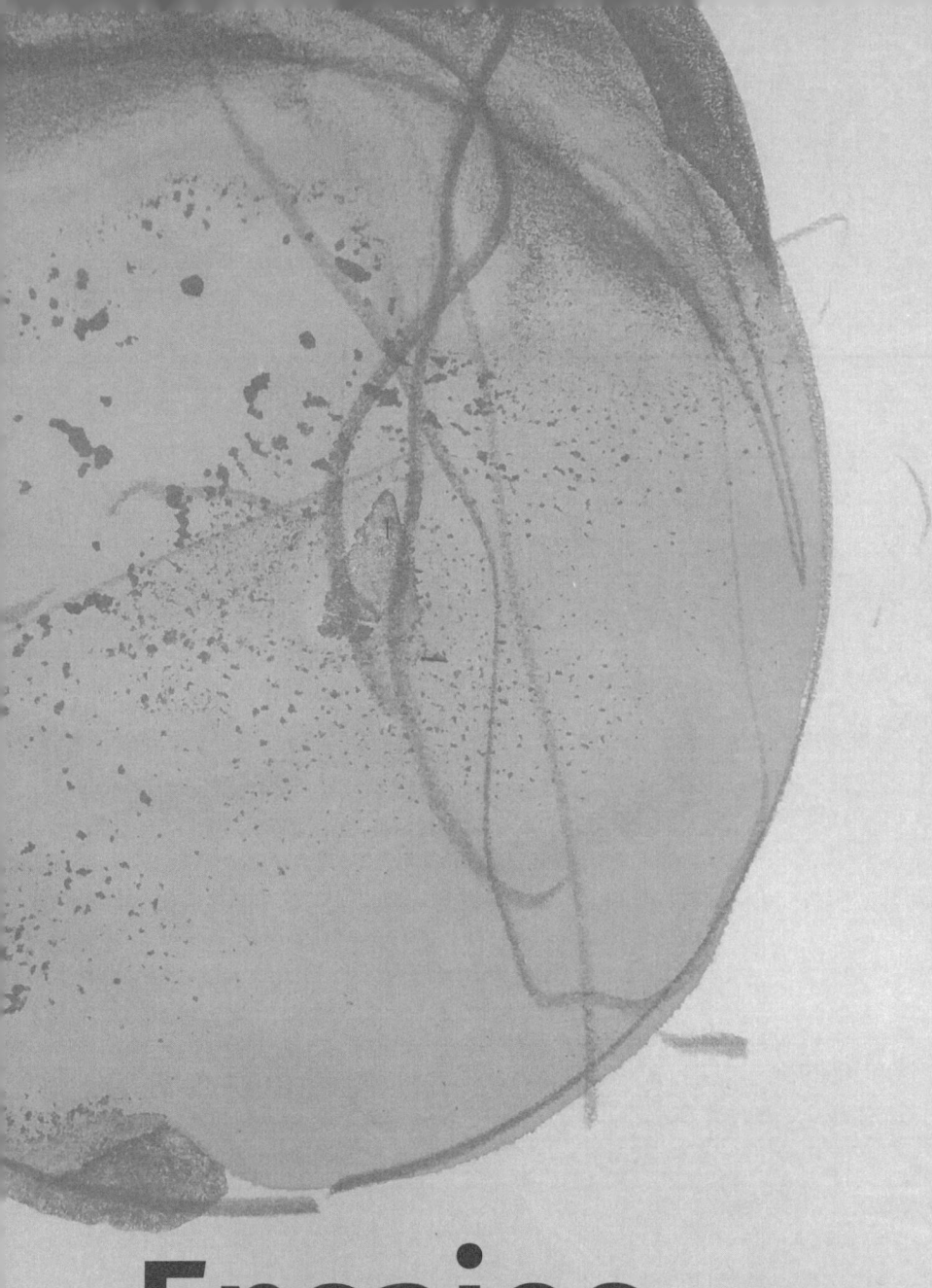

Ensaios

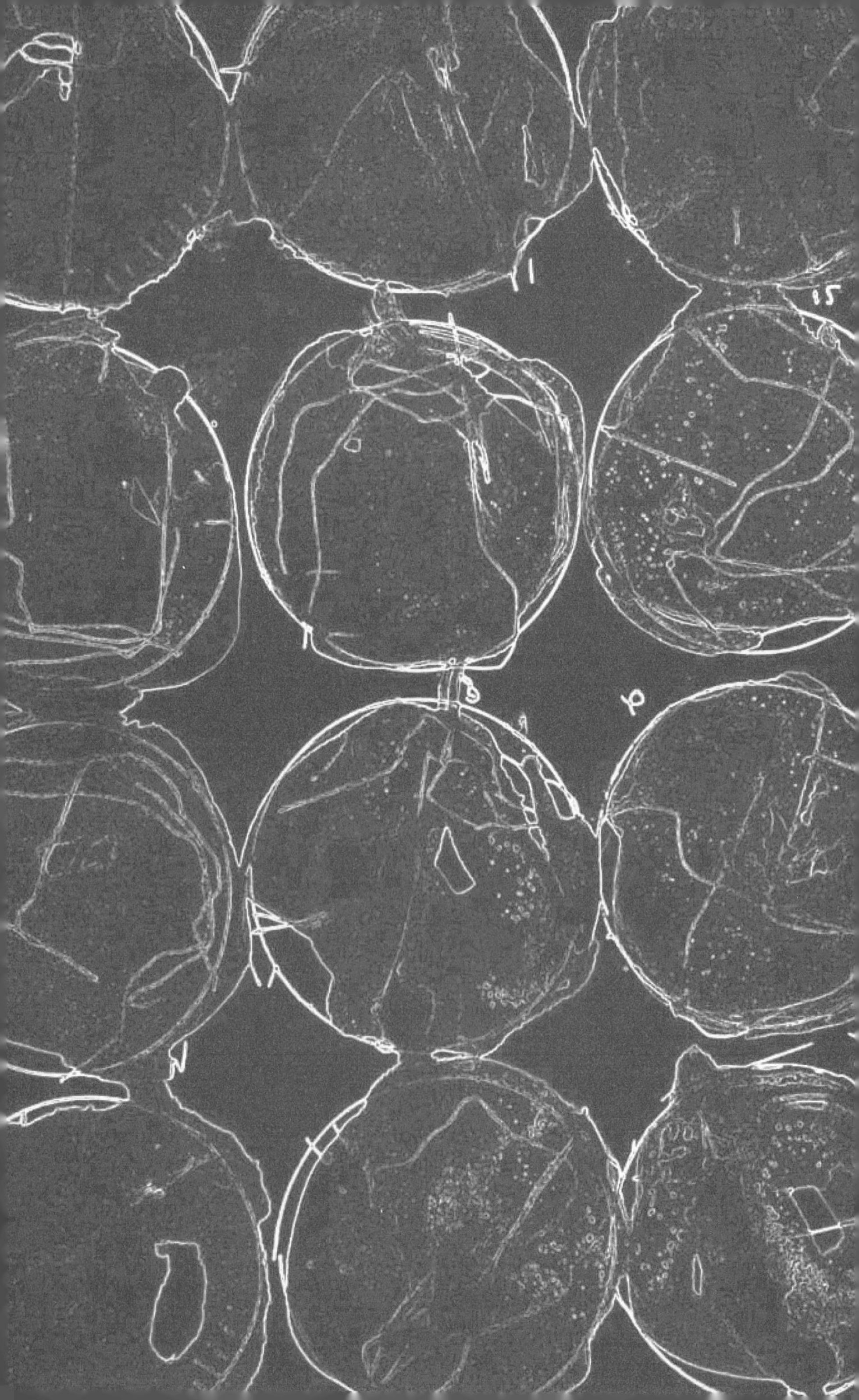

Nós somos muitas

Blog Peixe-elétrico, junho de 2017.

Portugal é (ou "está") um país muito interessante. Boaventura de Sousa Santos talvez exagere ao dizer que é uma ilha de esquerda num mundo neoliberal. Mas há um bom astral no ar. Entre outras proezas, a coalizão de centro-esquerda, que deliciosamente se chama "geringonça", conseguiu aproximar socialistas e comunistas. O governo de António Costa está promovendo uma recusa soberana das políticas de "responsabilidade fiscal" de Bruxelas e o resultado parece bom...

Para quem está aqui observando, a sensação é de que a contramão teria se tornado enfim uma possibilidade. Ao ver o mundo tomar o atalho da autoaniquilação, o desvio português parece um alívio, ainda que seja uma fantasia. Aliás, o alívio é sempre uma fantasia, como se uma clareira de repente se abrisse na dor.

A fantasia imperou ontem no Terreiro do Paço, em Lisboa, numa gigantesca festa LGBTQIA+ à beira do Tejo, com dança, bebidas, música eletrônica e a mistura de todas as tribos, inclusive famílias, crianças e turistas, que em Portugal são legião.

Era um lugar engraçado — palavra que se usa muito aqui, significando "com graça", mais que "divertido". Parecia uma mistura de cidade de interior e cidade cosmopolita: uma Amsterdã sobreposta à Sucupira de Dias Gomes, digamos assim.

A força da contracultura tem o segredo de sua seiva bem guardado, e ela opera quando menos se espera. Entre uma apresentação e outra, o palco foi tomado por um grupo de representantes da câmara municipal que discursavam, um a um, depois de serem apresentados e aplaudidos por uma drag queen. Até a secretária de Estado para a Cidadania e a Igualdade, a antropóloga Catarina Marcelino, discursou e falou na homofobia de Estado da Tchetchênia, além de associar o futuro de Portugal à possibilidade de se sair do armário — metáfora cheia de ecos, naquele contexto. Até ali, o inglês tinha sido a língua franca, talvez porque seja o idioma que se usa em qualquer cidade "cosmopolita", ou talvez porque a cena gay flerta, desde sempre, com as décadas de ouro da liberação sexual: havia algo de ABBA, disco music e B-52's por todos os lados. Ainda assim, a impressão era a de que, a qualquer momento, uma das drags poderia começar a dançar o vira, e nem por isso causaria espanto.

A festa aconteceu diante do prédio que abriga a exposição de fotos de João Pina sobre o que restou da Operação Condor, a infame colaboração entre as polícias secretas das ditaduras sul-americanas, que incluiu o Brasil do coronel Ustra (o homenageado de Bolsonaro, para quem não se lembra da votação que selou o golpe parlamentar de 2016). Isso num dia em que tínhamos visitado, por coincidência, o Museu do Aljube, onde, além da impressionante exposição permanente sobre a ditadura e os presos políticos, havia uma exibição sobre o exílio português de Augusto Boal, após a Revolução dos Cravos. Pude então assistir a um vídeo em que Chico Buarque lembra que a ideia por trás de "As mulheres de Atenas" era a greve de sexo de Lisístrata, dramatizada por Aristófanes. Ao contrário de Medeia, que está sempre próxima do arroubo, Lisístrata é pedestre, menos histriônica.

Havia um tanto de Medeia e outro tanto de Lisístrata no Terreiro do Paço, como se o gesto indômito de uma drag queen se projetasse, desajeitado, na paisagem de uma pequena aldeia. Aliás, o nome da festa era "Arraial Lisboa Pride".

Mas o fato é que a reflexão filosófica se faz, invariavelmente, quando olhamos para as ideias e deixamos os trabalhadores de lado, a trabalhar.

Para amarrar a minha história neste país que continua a experimentar, devo lembrar que, no singular arraial de ontem, os vendedores de bugigangas se destacavam na multidão: negros, indianos, mulheres, "ambulantes" de todos os tempos e lugares. A certa altura me lembrei não de Lisístrata, que eu deixara para trás em minha imaginação, mas pensei em Rosi, a cabo-verdiana que a empresa de aluguel de temporada enviara, no dia anterior, para que limpasse nosso apartamento. Pude conversar com ela e, ao final, perguntei se a veria na semana seguinte. Ela abriu um dos mais lindos sorrisos que já vi, e me disse: "Não sei. Nós somos muitas".

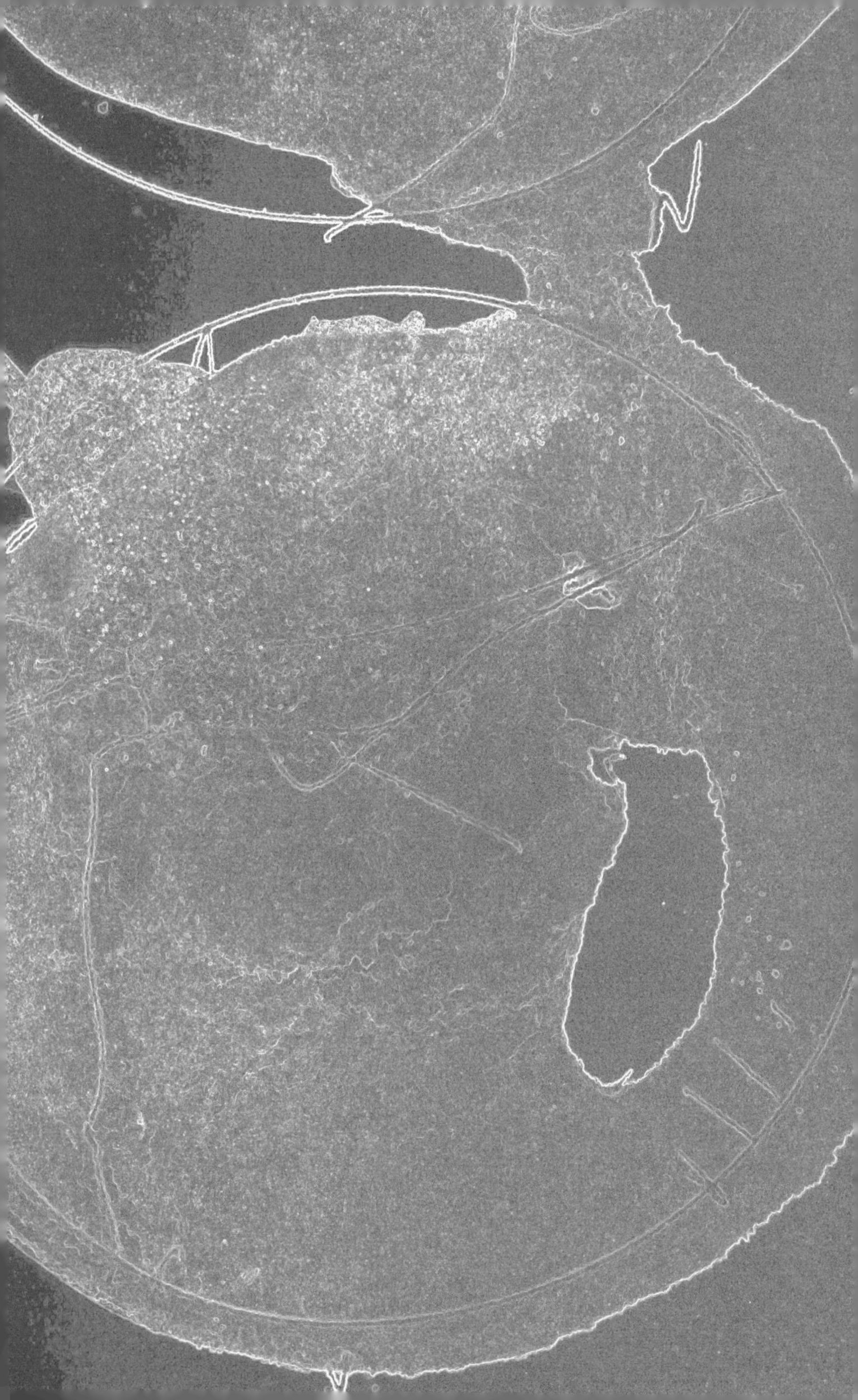

O além do laço: de Nietzsche a Lady Day, passando por poetas e buracos

Pena vadia, abril de 2015.

Num dos fragmentos da *Gaia Ciência*, Nietzsche se declara, uma vez ao menos, amigo dos utilitaristas. A poesia tem "uma grande utilidade": ao deixar o ritmo permear o discurso, torna mais próximos os deuses. A mecânica dessa aproximação é simples: a oração ritmada, como um tique-taque[1], chega mais longe e pode atingir os ouvidos divinos. Interessa a Nietzsche devolver a potência ao sujeito, mostrando-lhe que ela existe na distância que o separa dos deuses. O ritmo é uma coação, porque ele enlaça o corpo e o faz dançar. Não há como resistir. Mas e se nós mesmas produzirmos o ritmo e o voltarmos em direção às forças que nos coagem? Os pés e as almas seguem o compasso, como se lê na *Gaia Ciência*, e os deuses tampouco resistem ao poder encantatório da música.

Na aurora da poesia, as pessoas concluíram que podiam coagir os próprios deuses "mediante o ritmo, exercendo um poder sobre eles: jogaram-lhes a poesia como um laço mágico".

Devolve-se, à força que nos governa, o canto que governa.

....
1. **Not a Translator's Note**: A word I can't hear without my mind striking up the first notes of "O tic-tac do meu coração", with its toe-tapping beat and foot-draggingly depressing lyrics: "O tic, tic, tic-tac do meu coração /marca o compasso de um atroz viver/ É o relógio de uma existência/ E pouco a pouco vai morrendo de tanto sofrer." The problem is with that word, ti-que-ta-que – it's a tick-tock at double-time, so the seconds fly by. No wonder Carmen's heart is feeling tired.

O império do poema, sua capacidade (utilidade) de inverter as forças do domínio, fazem pensar na tarefa da poesia diante das profundezas que os deuses habitam, especialmente num mundo como o nosso, que não espera mais encontrá-los em algum monte encantado. Mas o que faz o poeta, diante desse mundo remoto e profundo que se esconde, imperioso e tremendo? Entrega-se, ou levanta a alma? A voz sustém, sempre próximo, o abismo. Mas a poesia se abre em duas opções: ou fará olhar para cima, pronta a salvar-nos, ou nos manterá fascinados pelo buraco. Em outros termos: a sua utilíssima música pode nos colocar de pé, ou ao fim Saturno ganha e não nos deixa olhar para cima?

Num de seus "poemas de Paris", intitulado "*Los mineros salieron de la mina*", de 1937, César Vallejo louva esses seres que vão às profundezas e de lá voltam. "*Creadores de la profundidad*", é como se uma força coral, espasmódica, os trouxesse à tona, depois de tê-los levado ao fundo. Em seus versos brancos, é um poema de pulsos fortes e irregulares: "*Los mineros salieron de la mina/ remontando sus ruinas venideras,/ fajaron su salud con estampidos/ y, elaborando su función mental,/ cerraron con sus voces/ el socavón, en forma de síntoma profundo.*" A cova profunda leva às galerias que consomem o ser. Mas Vallejo não é um melancólico, e imediatamente se deixa maravilhar pela força titânica dos mineiros. A certa altura, já quase ao fim do poema, o mesmo sintoma das profundezas regressa, mas aqui o movimento é quase inverso, como se acordássemos e nos deixássemos enlaçar pela música daqueles seres de saliva rústica, ameaçados de perto pelo ferro: "*¡Son algo portentoso, los mineros/ remontando sus ruinas venideras,/ elaborando su* *función mental/ y abriendo con sus voces/ el socavón, en forma de síntoma profundo!* A voz mineral, que antes encerrava a imensa grota que espelha a vida dos operários, agora alcança abri-la, formidável.

Vallejo, o antimelancólico, é mais um poeta que enfrentou a guerra entregando-se a seu pulso enérgico e absurdo, perguntando pelo sem-sentido como quem olha na face a luta iminente. Sua poesia é um laço mágico, jogado na direção dos deuses. E nas nossas minas, o que se lavrava então, e o que brotaria, logo mais? A poesia de Carlos Drummond de Andrade talvez não seja de laços mágicos, nem toque no mesmo tom que a de Vallejo. Agora que *A Rosa do Povo* fez setenta anos, convém inquirir novamente os "minérios" que aparecem aqui e ali, quase sempre puxando para baixo, no "país bloqueado" em que as flores são pálidas, raras, mas são flores. Ao invés de homens, acaso teríamos somente o inseto que "cava/ cava sem alarme/ perfurando a terra/ sem achar escape"? Um campo imantado, profundo, que em Vallejo era o sintoma da impotência contra a qual se insurge a poesia, em Drummond se torna pura armadilha, caminho sem volta, ou talvez senda de onde se voltará apenas mais tarde, de mãos pensas, passada já a guerra, recusado enfim o mistério.

Os operários de Vallejo subiam as escadas olhando para baixo e desciam olhando para o céu. Os homens de Drummond, fugidios que só eles, "vencem a fome, iludem a brutalidade, prolongam o amor", apenas. Sua tarefa é menos heroica, mais submissa. Neles, o laço se afrouxou e a febre da ação cede à contemplação de um espetáculo em tom menor, de onde brota o trabalho, quando muito, "caprichoso, mas benigno", sina diária do ofício dos homens, no "salão desmemoriado no centro do mundo oprimido".

Daí surgirá, no melhor dos casos, o amigo; não o inimigo, nem o soldado. O laço é frouxo, e as potências descansam no além, intocadas.

Apollo Theater, Harlem, anteontem: Cassandra Wilson homenageia os cem anos de Billie Holiday. Como podem potência e delicadeza serem levadas, juntas, a tamanha altura?

Cassandra Wilson entra no palco com um transbordante vestido vermelho, uma diva. Segundos depois, sorri e descalça os sapatos, altíssimos. Eles ficam lá, inúteis, até que o show se acabe.

Freud, Hitler e o moralista

Pena vadia, março de 2014.

No início de 1933, Hindenburg nomeia Adolf Hitler chanceler da Alemanha. No mesmo ano, em Viena, aparecem as *Novas conferências introdutórias à psicanálise*. Na lição sobre "angústia e instintos", Sigmund Freud regressa à importância da culpa para a constituição psíquica, e se depara com uma expressão estranha, que ele mesmo criara: o "sentimento de culpa inconsciente", que explicaria a reincidência dos sintomas em pacientes recém curados, e que funcionava como se uma mola os levasse de volta àquilo que o psicanalista julgava ter suprimido, mas que os pacientes pensam continuar a merecer.

Falando para uma plateia imaginária (ao contrário das *Conferências introdutórias à psicanálise*, as "novas" conferências introdutórias jamais foram lidas em público), Freud lembra que os "problemas levantados pelo sentimento de culpa inconsciente, suas relações com moral, pedagogia, criminalidade e delinquência, são atualmente o campo de trabalho preferido dos psicanalistas". Eis então que o escritor se revela, brilhante (aqui, na tradução de Paulo César de Souza):

> Nesse ponto inesperado, saímos do submundo psíquico para a praça pública. Não posso conduzi-los adiante, mas quero detê-los com um último pensamento, antes de nos despedirmos por esta vez. Habituamo-nos a dizer que nossa civilização foi edificada à custa de impulsos sexuais inibidos pela sociedade, que em parte são reprimidos, é verdade, mas, por outro lado, são utilizados para outros objetivos. Também admitimos, apesar de todo o orgulho

por nossas conquistas culturais, que para nós não é fácil cumprir as exigências dessa civilização, sentirmo-nos bem nela, pois as restrições instintuais que nos são impostas constituem um pesado fardo psíquico. Ora, o que percebemos quanto aos instintos sexuais vale em medida igual, ou talvez maior, para os outros instintos, os de agressão. São sobretudo esses que tornam mais difícil a vida em comum dos seres humanos e ameaçam a sua continuidade; a limitação da agressividade é o primeiro, talvez mais duro sacrifício que a sociedade requer do indivíduo. Vimos de que maneira engenhosa é obtida essa domesticação do recalcitrante. A instauração do Super-eu, que toma para si os perigosos impulsos agressivos, como que estabelece uma guarnição numa área inclinada à revolta. Por outro lado, numa consideração apenas psicológica, é preciso reconhecer que o Eu não se sente bem quando é sacrificado desse modo às necessidades da sociedade, quando tem de sujeitar-se às tendências destrutivas da agressividade, que de bom grado ele dirigiria contra os outros. Isso é como um prosseguimento, no âmbito psíquico, do dilema "devorar ou ser devorado", que prevalece no mundo orgânico. Felizmente os instintos agressivos nunca estão sós, mas sempre amalgamados com os eróticos. Nas condições da cultura criada pelos homens, esses últimos têm muito a mitigar e prevenir.

Freud é um estrategista. A agressão é aquartelada pelo Super-eu, e funciona contra o Eu, o qual, se pudesse, sairia matando. Mas a compreensão desse estranho mecanismo repressivo e civilizador (seis anos depois, numa Europa já conflagrada, Norbert Elias publicaria *O processo civilizador*) exige um passo atrás. Ainda na mesma conferência, Freud se detém sobre o masoquismo e o sadismo, lembrando que a agressividade podia se voltar para o interior, no primeiro caso, ou para o exterior, no segundo. Eis mais um momento alto do texto:

E damos com a importância da possibilidade de que a agressividade talvez não ache satisfação no mundo exterior, porque depara com obstáculos reais. Então ela poderá retroceder, elevando a medida de autodestruição vigente no interior. Veremos que isso acontece realmente assim, e como é importante esse processo. Agressividade impedida parece envolver graves danos; realmente é como se tivéssemos que destruir outras coisas, outras pessoas, para não destruirmos a nós mesmos, para nos guardar da tendência à autodestruição. Sem dúvida, uma triste revelação para um moralista!

Deixemos para lá o moralista de Freud. Importa saber que vivemos no balanço entre a força empregada para fora, contra o mundo e seus obstáculos, e aquela que nos come por dentro, como uma úlcera. Para salvarnos, há que avançar, mas há que saber recuar. O ir e vir da agressividade nos mantém vivos, no limiar da morte. Freud brinca com a plateia inexistente, e lembra que não é Schopenhauer:

> Não afirmamos que a morte é o único objetivo da vida; não deixamos de ver, junto à morte, a vida. Reconhecemos dois instintos fundamentais e admitimos para cada um sua própria meta. Como os dois se mesclam no processo da vida, como o instinto de morte é levado a servir aos propósitos de Eros, sobretudo no seu voltar-se para fora como agressão, são tarefas deixadas para a pesquisa futura. Chegamos apenas até o ponto em que tal panorama se abre à nossa frente. Se o caráter conservador é próprio de todos os instintos sem exceção, se também os instintos eróticos querem restabelecer um estado anterior, quando tendem à síntese do que é vivo em unidades sempre maiores — também essa questão teremos que deixar sem resposta.

A unidade perdida nos conduz ao impulso que nos projeta para fora e para dentro. Existimos ao sabor de forças que não controlamos. A civilização, entretanto, não será a homeostase, nem a simples pacificação de nossos irrequietos exércitos interiores. A civilização é um espasmo: contração e expansão incessantes. Mas a expansão permanente, e a correlata impossibilidade de regressar, de voltar-se contra si mesmo, levará à morte.

Freud deixou Viena no dia 4 de junho de 1938, chegando dois dias depois a Londres, onde morreria com câncer, em 1939. Nos anos seguintes, suas irmãs mais velhas, que ficaram em Viena, morreram: três em Treblinka, uma em Theresienstadt. Até o fim, Sigmund parecia acreditar que o avanço iniciado encontraria algum limite.

Oxalá.

Um confuso ruído
(Tchaikovsky e 2013)

> Notas de programa da OSESP, novembro de 2013, a propósito da Fantasia em Fá Menor, Op.18 de Tchaikovsky (*A Tempestade*). Tratava-se também, àquela altura, de um comentário oblíquo das chamadas "jornadas de junho".

Estar na periferia tem suas vantagens. Longe do centro, descortinamos aquilo que os que lá estão jamais veriam.

A Rússia do século XIX é um exemplo clássico de distanciamento. Nela, a tensão com a Europa ocidental e a admiração por sua cultura erudita acionam teclas díspares: ora o desejo de parecer-se a Paris, ora a vontade de percorrer as raízes eslavas. Do dilema insolúvel surge a melhor literatura, assim como nasce a música de Tchaikovsky (1840-1893).

O poema sinfônico *A Tempestade* foi composto em 1873, numa casa de campo em Tambov, logo após viagem a França, Itália e Suíça, onde o musicista escreve, em seu diário: "minha alma sofre a falta da Rússia e quando vejo suas planícies, campos e florestas, sinto meu coração contrair-se". No entanto, entre a paisagem familiar e o vasto mundo, Tchaikovsky não canta os sabiás de sua terra. Antes, decide enfrentar mais uma obra de Shakespeare.

Em *A Tempestade*, Próspero, duque de Milão deposto pelo irmão, experimenta degredo fantástico numa ilha desconhecida. Por meio de sortilégios, e auxiliado por Ariel, gênio do ar, ele governa a ilha remota como um tirano ilustrado, ameaçado por Caliban, o "escravo selvagem e disforme" que quer violar sua filha Miranda. Escrita em 1611, a peça é um poderoso comentário do encontro da América: trazendo da Europa magia e ciência, o colonizador vela sua criatura, exposta ao apetite do canibal. O teatro do mundo incluía agora uma terra incógnita a explorar, econômica e espiritualmente.

Influenciado por Erasmo e Montaigne, Shakespeare inaugura, em *A Tempestade*, uma linhagem humanista capaz de interpelar os horrores que o avanço da civilização nem sempre logra esconder. Inseparáveis como a carne e a alma, Caliban e Ariel seguiriam inspirando artistas mundo afora: na América Latina de Rodó, no Caribe de Aimé Césaire e George Lamming, na poesia de W.H. Auden, no cinema de Greenaway etc. Entretanto, no momento em que Tchaikovsky compôs *A Tempestade*, a dupla Ariel-Caliban não fora ainda consagrada pela pena de Renan, para quem, após a Comuna de Paris (1871), Caliban simbolizará o experimento democrático que o conservador teme, sempre que o vândalo se materializa nas ruas.

Na Rússia czarista, as batalhas de Tchaikovsky eram outras, deflagradas na forja de uma música que deveria responder tanto aos anseios do mundo quanto à vocação da terra. A sugestão de compor sobre tema shakespeariano vem de Vladimir Stasov, companheiro de Mily Balakirev, contemporâneo de Tchaikovsky em São Petersburgo e líder do Grupo dos Cinco (que incluía Mussorgsky, Cui, Rimsky-Korsakov e Borodin). Ele mesmo autor de uma abertura *Rei Lear*, Balakirev descende do nacionalismo de Mikhail Glinka, que compusera ópera baseada num poema de Pushkin. Glinka, por seu turno, foi próximo de Berlioz, inspirador dos Cinco e compositor de diversas peças shakespearianas. Quando Berlioz excursionou pela Rússia em 1867, o jovem Tchaikovsky, já professor no Conservatório de Moscou, fez-lhe uma homenagem em francês. Pelos galhos do romantismo que vicejara na Paris de Stendhal, Hugo e Delacroix, Shakespeare viajava à Rússia do século XIX para lá frutificar, como aliás fizera e seguiria fazendo: em Verdi, em Dvorák, em Machado de Assis...

Para além de Shakespeare, contudo, a mescla de música e literatura alimentava um debate longevo na história da arte: o que a música é capaz de produzir? Pode ela contar histórias, mesmo quando se abstém da palavra? Mas o sentido que o verbo ata não é de todo externo à música? Ou, por abstrata, a música tudo pode? Tchaikovsky encarece a noção de que, apesar de seu caráter não denotativo, a música oferece uma paisagem emocional que, muito além do entretenimento, exige do ouvinte profunda elaboração — como a literatura, aliás. Se o leitor suspeita que a narrativa esconde outras narrativas, em sucessão quase infinita, o ouvinte também sente a matéria escutada ressoar poderosamente em sua própria paisagem interior, a despeito das aves que ali gorjeiem. Não à toa, esse complexo mecanismo de arrebatamento poético e de transmissão de sentimentos, assim como a "profundidade" que lhe dá sentido, tem nos românticos seus melhores intérpretes.

Para ouvidos já escaldados pelos experimentos pós-românticos, haverá sempre algo "exagerado" em Tchaikovsky, seja na maneira como o tecido musical de repente se avoluma, seja na dramaticidade dos torneios melódicos, seja ainda na percussão, raras vezes tão requisitada quanto aqui. Basta porém que nos fixemos no quadro da sensibilidade romântica, para que a emoção nos tome, assim como tomou os contemporâneos de Tchaikovsky, que em 1873 receberam *A Tempestade* com um júbilo que faltara em 1869, quando estreou em Moscou a abertura-fantasia *Romeu e Julieta*, sua primeira obra inspirada em Shakespeare (*Hamlet* só viria à luz em 1888). Retrabalhada após a estreia decepcionante, *Romeu e Julieta* é hoje um *hit*, enquanto *A Tempestade* ficou na sombra. Mas ao ouvinte atento não escaparão as semelhanças temáticas entre elas, assim como não passarão em branco as tintas wagnerianas que dão espessura a momentos-chave da composição.

Recordando a gênese de *A Tempestade* em carta a Mme. von Meck, Tchaikovsky fala dos passeios solitários pelo campo, e das noites em que se punha à janela, a ouvir "o profundo silêncio dos grandes espaços, rompido de quando em quando por um confuso ruído à distância". O tópos romântico anuncia o estado de alma a que seremos transportados na paisagem sonora da peça. Inadvertidamente, talvez, o compositor reproduza a exortação de Próspero: "Não tema, a ilha está repleta de ruídos".

Tchaikovsky seguiu à risca o programa de Stasov para *A Tempestade*: O mar/ Ariel, obedecendo a Próspero, cria uma tempestade/ Naufrágio do navio que conduz Ferdinando [príncipe de Nápoles]/ A ilha encantada/ Primeiros laços de amor entre Ferdinando e Miranda/ Ariel/ Caliban/ O casal se rende à paixão/ Próspero desfaz-se da magia e deixa a ilha/ O mar.

Cabe ao ouvinte *mergulhar* — palavra que, considerado o poder sinestésico em jogo, assume conotação múltipla — no "mar" em que se abre o poema sinfônico, quando flautas e madeiras fazem sentir o ritmo da navegação e deixam ver a superfície plácida, logo mais crispada pelas cordas. Enquanto a tuba introduz a nota dramática, os contrabaixos nos puxam para o fundo, e seguimos com a nau que conduz as personagens à ilha de Próspero. É o momento em que Ariel, instruído pelo mestre, produz a tormenta que os trará à costa. É também o instante em que a marcha graciosa do espírito será interrompida pelo nervosismo das cordas e dos sopros, até a entrada ribombante da percussão, anunciando a tempestade. O ouvinte dirá se as estepes não são também morada do espírito, e se o Ariel de Tchaikovsky não é quase já o Petrushka de Stravinsky...

Anuncia-se então, contagiante, o tema de amor que une Ferdinando e Miranda, até que surja novamente o gênio ligeiro e gracioso de Ariel. O aparecimento de Caliban se dá num *stringendo* aterrorizante, uma confusão medonha de timbres, que dura o instante do pânico, até que o tema regresse e, aliviados, retomemos o passo que levará os amantes ao êxtase. Por fim, Próspero encerra, sobranceiro e marcial, seu papel de condutor. Eis então, de volta, o mar. Desfeito o encanto, ele recobrirá o sonho em que mergulhamos.

Os leitores de Shakespeare sabem que os atores do grande drama são espíritos que se desfazem no ar, e que a matéria que se acreditava motivo de glória se desmancha, restando apenas a outra, "matéria tal/ de que os sonhos são feitos; e nossa pequena vida/ está rodeada pelo sono." A tradução é livre, mas permite lembrar que, para além da lenda-Tchaikovsky (o neurastênico, o homossexual, e se é ou não suicida), está o momento original em que, na província, afastado de tudo, ele se vê cercado pelo Nada que os românticos temem e veneram, porque esse mesmo Nada os obriga a habitar o espaço fugidio dos limites.

Tal é o momento em que, debruçando-se sobre a noite infinita, ele ouve o confuso ruído das estepes, que nem o sono nem a morte ousarão ou poderão levar.

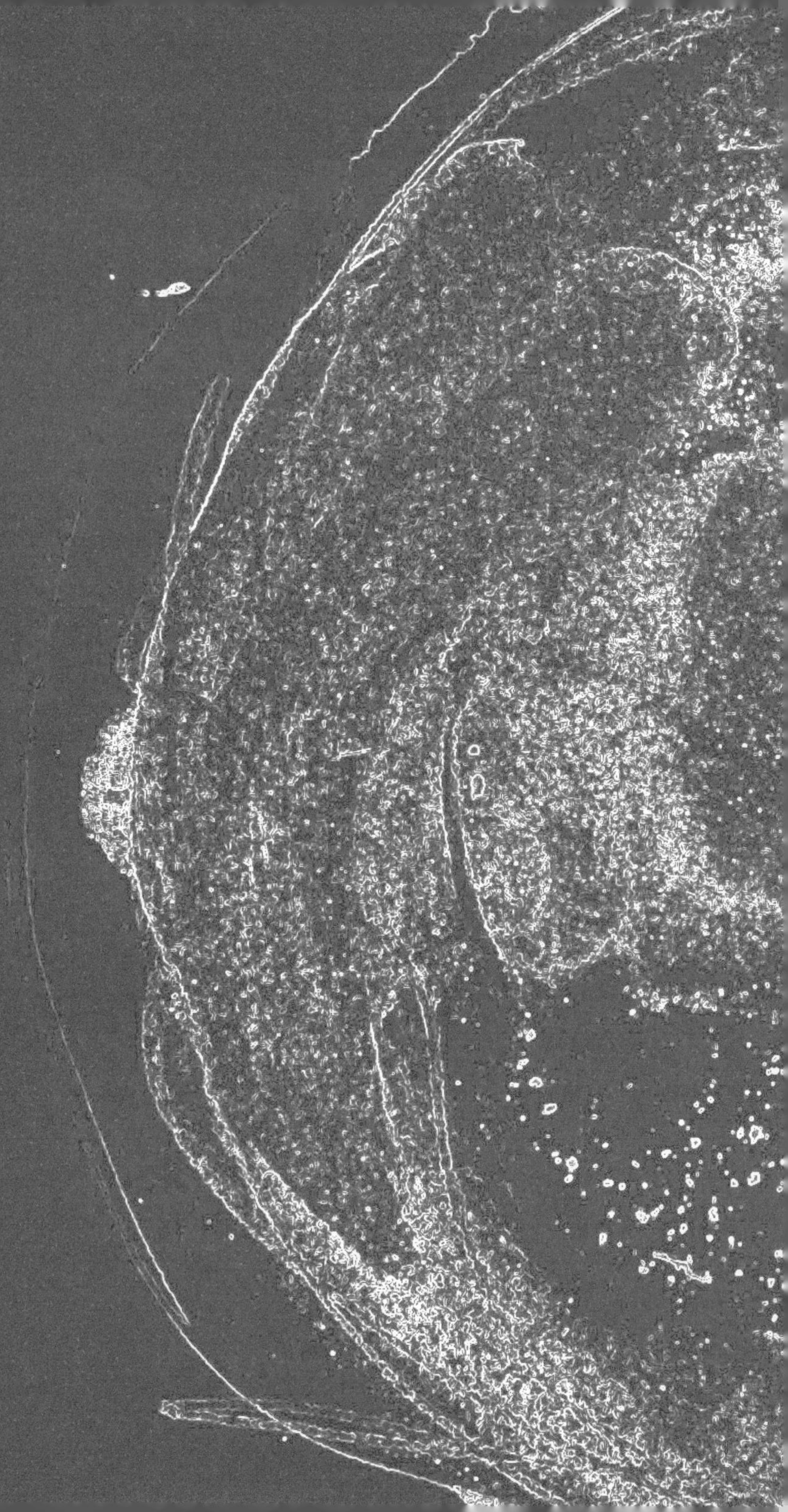

Do instante ao canto: o vão do universo (Zé Miguel Wisnik)

Apresentação que fiz de José Miguel Wisnik no seminário "Moods of Thought", organizado por Enea Zaramella e Carlos Fonseca em Princeton, em maio de 2012. O seminário com Wisnik era a continuação do diálogo que mantivéramos, meses antes, com Hans Ulrich Gumbrecht.

Como pensar o *evento*?

Pensá-lo nos leva, em princípio, a figurações do tempo que sugerem o esgotamento da própria noção de futuro. Se acreditamos em certa vertente crítica, a imprevisibilidade do curso da ação humana nos jogaria numa espécie de eterno instante, o que talvez pareça uma contradição em termos, embora seja de fato uma definição possível do *instante*: um tempo sem fim encapsulado num ponto. Não a concentração do tempo, simplesmente, mas o ponto em que o tempo escoa: *o tempo é e não é ao mesmo tempo*, para lembrar o verso cheio de ecos agostinianos de José Miguel Wisnik.

Mas se a atenção e a escuta do sujeito se voltam para o instante, uma pergunta se faz urgente e uma angústia se revela — lembrando que, etimologicamente, a *angústia* pode ser, afinal, o afilamento da garganta.[1] Esta

....
1. **Not A Translator's Note:** *Angústia*, anguish, from *anguisse*, the painful sensation of choking. Tightness. The *garganta*, with its deep vowels, becomes the choked-out "throat" when it crosses the language barrier. Both words in Portuguese end in vowels, letting you breathe at the end, or moan. We don't have that luxury. At most, anguish can be hissed. (On the other hand, you don't have a word for "hiss", which has always made me wonder how Brazilian cats express their rage or fear.) *Garganta* survives in gargantuan, Gargantua, monsters of unusual size, and spills over into gargle. One obsolete meaning of "gargle" is to read superficially, without digesting a work's contents: place this essay on your tongue, let it dance at the entrance to your throat, and spit it out.

talvez seja a primeira lição diante da obra de Wisnik: a indissociabilidade entre o som e o corpo, o corpo e o texto.

Mas qual é a pergunta capaz de fechar a garganta? A questão aguda — ou grave, não sei bem — é a seguinte: roubado o futuro, entregues ao instante, a quem se dirige nossa voz? Que comunidades a voz é capaz de conclamar, que mundos paralelos ela é capaz de criar, quando se torna canto?

Tal pergunta é lançada sobre aquele instante que, repentinamente, descobre-se carente de futuro. Não se trata, porém, de voltar a pergunta ao passado, como se buscássemos o ponto exato em que se inicia a voz. Inquirir de onde vem a voz é perguntar pelo mistério do instante, de seu início mesmo. Qual o *primeiro fole*[2] que pôs a voz no mundo?

Diante dessas questões, nosso idealismo dificilmente nos deixa fugir à noção de um motor primeiro: o sopro, que é *pneuma*, e é alma. No entanto, em termos estritamente materialistas, o som é sopro, tornando-se possível apenas nos cantos do universo em que há algo, isto é, onde há

....
2. **Not a Translator's Note:** *fole* is what we call a bellows, but the noise it makes is closer to the ffffff of fole than the roar implied by a bellow — a toothless mouth huffing life into embers, or wheezing breath into an organ. The Old English for "bellows" was "blast-bag" or "blowing-bag", which makes the whole apparatus sound a bit more magical, like the bag of winds that Aeolus lent Odysseus. All this makes you wonder why "windbag" ever got to be pejorative, unless you chalk it up to self-hate. *Memórias póstumas de Brás Cubas* used to open with Machado quoting *As You Like It* — "I will **chide no breather** in the world but myself, against whom I know most faults" — and he seems to have been so pleased with his translation of "breather" that he reused it after eliminating the epigraph. *Fôlego vivo* (Brás Cubas), *fôlego humano* ("O espelho"). Our breath, ourselves.

matéria que possa vibrar. Meu canto *vibra e vibra novamente*. Sem a vibração haveria uma espécie de grito sem som, que é provavelmente a imagem mais tenebrosa de um pesadelo: o canto infinitamente distante da matéria.

Eis o pesadelo em seu extremo: o grito não sai porque a garganta se fechou, e ninguém, ou nada, no universo lá fora, jamais saberá da vibração que eu supunha possuir em mim. Como no grito-pesadelo de Munch.

O que isso teria a ver com o ritmo? Para os pitagóricos, o som, quando bem entoado, leva à *analogia*, que é a perfeição dos números num mundo que desliza sem ruído, sem descaídas. Sem requebro ou meneio, o mundo ideal da música não chega a refutar a síncopa, mas ele a controla, a sublima, contendo o ruído que ameaça vir no momento errado. A música ideal domestica o som, mantendo as coisas no seu devido lugar. Seja mais selvagem ou mais domesticado, o som é sempre *trabalhado*, enquanto o corpo é ensinado a produzir o canto. O sujeito ensina seu próprio corpo a comportar-se, de modo a soar como deve, isto é, como quer o sujeito. Mas o canto é o resultado de um desejo muitas vezes inexpresso, opaco ao próprio sujeito. A garganta se abre, e o canto sai. Ainda assim, a boca se abre apenas o quanto deve.

Do fechamento à abertura: eis que nos vemos, mais uma vez, diante da questão irrespondível do tempo.

Poucos exemplos levam tão fundo à questão do instante quanto "Acalanto", a canção com música de Arthur Nestrovski, composta para o espetáculo "Tudo que gira parece a felicidade", de Ivaldo Bertazzo, e letra de José Miguel Wisnik, que comporia *Indivisível*, de 2011. Ali, o gênero da cantiga de ninar é levado ao seu limite poético: letra e música soam de forma que o ouvinte se converte na criança cujos temores mais básicos — o abandono, o monstro, a ausência inexplicável — se fazem presentes e vão embora, porque o canto os espanta.

A função clássica do acalanto: espantar os monstros. No entanto, desde que o mundo é mundo o acalanto é também a atualização desses mesmos monstros, isto é, a lembrança do abandono que nos cerca, assim como da ausência que nos aguarda em algum lugar distante. O acalanto serve a manter teso o arco que me prende àquele que canta e que, enquanto canta, não desaparece. Nada é mais aconchegante.

Para além da incontornável imagem da voz materna em sua misteriosa fonte, vale a pena deter-nos diante da etimologia da palavra *acalanto*. Alguns a consideram de "origem controversa". Há os que dizem que ela se relaciona com "quente" (do lat. *calens, entis*, daí cálido, *caliente*, calor), mas há os que sugerem que *acalanto* se relaciona ao verbo *calar* na acepção de "tornar silencioso", de onde *acallantar*, "fazer calar, aquietar, sossegar".[3]

Não importa. Está provado que a etimologia pode ser a forma mais natural da poesia: *acalanto* provém do calor que faz calar... Mas a criança não se refugia simplesmente num mundo ideal, em que os monstros desapareceram, e sim no

....
3. **Not a Translator's Note**: lullaby has neither heat nor quiet to offer, only a hypnotic *lull* — sound for sound's sake. The fairies sing Titania to sleep: *Sing in our sweet Lullaby, Lulla, lulla, lullaby, lulla, lulla, lullaby*. Which would be all well and good if we weren't straddling the border between languages, putting us one l away from a very different song: *lu-lá, lu-lá...*

mundo real em que os monstros apenas foram afastados. É verdade que os monstros também se refugiam no canto, apaziguados pela voz que soa, para talvez reaparecer no sonho, que é desde sempre o lugar do que regressa.

Voltando ao tema do momento e do evento, o *acalanto* pode ser a lembrança de que o poder do canto só se sustenta no instante, dolente ou não, em que a voz soa. *As canções só são canções quando não são promessa.* A canção é o evento possível, no canto em que impera a voz. O que a canção diz, e a quem, é uma pergunta lancinante, cujo paradoxo está na sua instantaneidade: a canção só *é* enquanto se canta. O evento é o corte por onde passa o canto. Mas para quem?

A um heideggariano, talvez haja apenas júbilo na constatação de que a canção somente existe enquanto se canta. Mas deixemos a filosofia de lado, para que algum alemão solerte a leve sob o braço e a transforme em prosa. No horizonte de José Miguel Wisnik, a instantaneidade do canto — outra forma de falar da ausência de futuro — não é percebida como o império desmedido do momento. O *evento*, lembremos de novo a etimologia, pressupõe o desenlace, a resolução.

Um crítico como Hans Ulrich Gumbrecht se regozija diante da ausência desse desenlace — ausência que, para ele, é a crise de toda a metafísica, com o nascimento de um novo cronótopo que leva à pura produção do instante. Já para Wisnik, tenho a sensação de que tudo se dá num tom menos vitorioso, mais tateante, porque a ausência do futuro não é, para ele, a simples afirmação de fé no instante. A fé leva a outra coisa, que está na promessa do canto e do evento. Mas não se trata, é claro, de um módulo idealista que vê o evento como caminho necessário da revelação. Ninguém sabe, antes do evento, se de fato haverá ali uma revelação.

Contudo, uma vez mais, não há revelação *fora do canto*. Dito de outra forma, o canto entoado é a forma de revelar o instante naquilo que ele tem de mais rico e de mais pobre. *Mais rico*: a manutenção da vibração e a sensação de vida. *Mais pobre*: sua impotência diante do futuro, que é prova de sua mortalidade.

Digamos assim: o canto é instante, porque é a manutenção delicada da vida diante do silêncio que ameaça tomar o cenário do mundo, calando o universo. O quanto esse silêncio cósmico é significativo é outra questão, talvez ainda mais complexa. Mas o que o pensamento pode aprender, ou apreender, no jogo delicado e às vezes faceiro entre o ruído e o silêncio — entre as potências de vida e de morte — é algo que os textos e a música de José Miguel Wisnik exploram a fundo.

E por onde passaria o canto, ao fim e ao cabo, senão pelo ilhó delicado que separa aquilo que era silêncio do que de repente vibra:

O pai, lá em cima
(Chico e Sérgio Buarque)

Blog da Companhia, novembro de 2014, a propósito do lançamento de *O irmão alemão*, de Chico Buarque.

Uma história sempre esconde outra, que esconde outra, e assim por diante, até que a cadeia se interrompe e surge um relato capaz de siderar todas as histórias. A narrativa funciona então como um alento que permite às personagens de uma trama confusa respirar. No novo livro de Chico Buarque, esse sopro vital vem do século XX inteiro: nazismo, cultura de massas, guerra fria, ditaduras, intelectuais, música, afeto e política, tudo se junta na busca pelo que o pai deixou inexplicado.

O que o pai deixou não é pouca coisa. Sérgio Buarque de Holanda (1902-1982) não foi só o maior historiador brasileiro, como se tornou totem da tribo: devorador de livros, crítico literário e testemunha de um tempo em que a cultura ainda pretendia ser total, como uma biblioteca de Babel. A certa altura de *O irmão alemão*, a família de Sergio de Hollander recebe a visita do agente da ditadura Jorge Borges, que confisca livros da portentosa biblioteca cujos volumes formam as colunas que o narrador pensa sustentarem a casa. E o que seria desse lar sem os livros?

Um mistério envolve o professor Hollander, que lê e fuma ininterruptamente em sua espreguiçadeira, preparando uma obra que nunca se conclui. Entre os afazeres domésticos, sua mulher, Assunta, o assiste, trazendo-lhe um Bocage agora, um Pirandello depois, um Virgílio logo mais. De seu escritório no segundo andar, "distraidamente atento a tudo", o pai vigia a casa, imerso num mundo que não está nem cá nem lá. É nesse estado perene de ficção que encontramos o que já conhecemos, embora, como nos sonhos, o familiar pareça estranhamente distante.

O caminho mais fácil é o da analogia: Assunta é dona Maria Amélia, Sergio de Hollander é Sergio Buarque de Holanda, o narrador é Chico Buarque etc. Fácil, mas insuficiente. Como em Sebald, o que conhecemos e o que lemos encontram-se tão próximos que imaginamos tratar-se da verdade, quando de fato o livro é apenas a saída que o autor arrumou para se aprumar diante da pilha de histórias que ele não compreende.

Sérgio Buarque brincava com a celebridade, apresentando-se como o "pai do Chico". Quando lhe perguntavam se era filho de alemão, já que falava alemão, podia sair-se com esta: "Sou pai de alemão", numa referência à estada em Berlim em 1929 e 1930. A história é retomada por Chico Buarque com traço de mestre, e só no final uma rápida pincelada biográfica deixa ver quem é o irmão perdido. A sensação, contudo, é de que já o conhecemos, porque o ouvimos antes na ficção. E será possível conhecer uma pessoa sem a ficção que nos aproxima dela: sem imaginá-la, descrevê-la etc.? Podemos chegar ao outro sem convertê-lo em nossa personagem?

O irmão alemão explora o legado do pai, ele mesmo, como historiador, mestre em aproximar-se de quem nunca conheceu. "Sérgio diz todas as coisas com uma dicção confusa, embaralhada e dificílima", escreveu Múcio Leão numa carta de 1931 a Ribeiro Couto (o mesmo que mais tarde cunharia a expressão "homem cordial"). Pela mensagem, hoje guardada num arquivo carioca, ficamos sabendo de uma "especialíssima encrenca" em que se metera Sérgio, que "fez numa doce poética menina que ia visitá-lo ao modesto quarto da pensão, um filho". Sua volta da Alemanha pode estar ligada ao processo que ele sofrera naquele país, segundo Múcio Leão, ou talvez ao novo contexto político brasileiro, no fim de 1930. Nem uma coisa nem outra está no livro de Chico Buarque, mas é possível sentir que o regresso de Sérgio à pátria traz a ferida de uma desistência, nunca pensada de todo, apesar dos esforços posteriores por emendá-la.

Sejam quais forem as razões que o fizeram voltar, Sérgio deixou o filho como um rasto, que Chico recupera, ao passear, como uma personagem de ficção, pelas memórias impenetráveis do pai. Como Sergio de Hollander, Sérgio Buarque viveu o crepúsculo da República de Weimar, com sua frágil democracia, seus cabarés barulhentos, os experimentos artísticos radicais, seu cinema e sua liberalidade, que impressionavam o jovem brasileiro, entre ingênuo e agudo nos artigos publicados em *O Jornal*, de Assis Chateaubriand, entre os quais consta a célebre entrevista com Thomas Mann, cuja mãe era brasileira, filha de um alemão que, no Brasil, se casara com "uma crioula, provavelmente de sangue português e indígena", como se lê num texto da época, assinado por Sérgio. Sem contar que as leituras alemãs, bem como o debate sobre a alma e o sangue dos povos, deixariam uma marca profunda em *Raízes do Brasil*, de 1936, onde a organicidade do Estado é um problema enorme, e a impessoalidade do liberalismo seria encarada com desconfiança. Ainda assim, resta um oceano entre a crença totalitária, que Sérgio repele vigorosamente, e as "essências mais íntimas" da vida social em sua inata "desordem", que ele seguiria pesquisando vida afora, conforme palavras que encontramos em *Raízes do Brasil*.

De volta à América do Sul, o jornalista e futuro historiador viveria o drama de ter um filho desconhecido e distante, sobre quem pesaria, logo mais, a ameaçadora suspeita do possível sangue judeu. Nessa história traçada entre o espaço privado e o público, fotos e documentos se interpõem, borrando as fronteiras entre ficção e realidade, sugerindo que o real só é suportável quando se narra, embora então ele já tenha escapado para o reino da história, que por sua vez só existe, para nós, quando é contada de novo, como numa canção.

A história é a do encontro sempre protelado entre pai e filho. Entrando sorrateiramente em casa, depois de uma noitada, o narrador encontra Sergio de Hollander de pijama, com os óculos à testa e, entre os dedos, um toco de Gauloises — o cigarro preferido de Sérgio Buarque —, a perguntar se o filho mexera nos seus Kafkas. "Nunca", diz o filho, para prontamente ouvir: "E o que é que está esperando?".

A aproximação pelos livros marca também a distância entre os dois, que existe sem que se saiba por quê. Longe do pai e do meio-irmão, alheio a tudo, o irmão alemão é a lembrança de que a lealdade à família tem um custo, porque ficar perto dela é sustentar a proibição de falar de quem se ausentou, e de quem foi deixado pelo caminho. Mas falar de quem ficou pelo caminho não é a tarefa do historiador? E não seria esta, também, a tarefa do irmão, quando descobre que toda família é feita de silêncios? *O irmão alemão* aparece para recordar o silêncio e cobri-lo enfim de história.

O mestre e o exílio do pai da Semana (Mário de Andrade e Sérgio Buarque de Holanda)

O Estado de S. Paulo, 23 de abril de 2011.

Ainda que não possuam o viço da correspondência com Manuel Bandeira, ou mesmo com Carlos Drummond de Andrade, as cartas que Mário de Andrade trocou com Sérgio Buarque de Holanda, entre 1922 e 1944, formam um conjunto precioso. Devidamente anotadas e apresentadas, elas podem sugerir as linhas de força de um debate que ocupou intelectuais e artistas, desde os primeiros ventos do modernismo, com a revista *Klaxon* e a Semana de Arte Moderna, até bem entrado o Estado Novo.

    Tempos tormentosos, quando muitos de nossos valores contemporâneos sobre o indivíduo, sua inviolabilidade e sacralidade, encontravam-se em suspenso, ameaçados e testados por todos os lados. A tensão entre o individual e o coletivo era de tal monta que hoje talvez nos seja impossível compreendê-la, embora as cartas dos dois amigos nos permitam senti-la.

    Lê-las é adivinhar a profundidade que se oculta em pequenas sentenças, como no caso da última linha dirigida por Mário a Sérgio, em dezembro de 1944, quando o poeta já havia retornado de seu "exílio" no Rio, e resumia um estado de alma que, de certa forma, o acompanharia até à morte: "Um bom ano de 1945 pra você, Maria Amélia, filhotes e esta nossa triste humanidade".

    A correspondência ajuda a entender melhor o momento em que, decepcionado com os desdobramentos do modernismo, Sérgio Buarque manda ao diabo as convenções e as alianças, mas promete ao amigo um artigo sobre sua obra. Mário intuía que somente Sérgio seria capaz de escrever algo que "prestasse" sobre si. Há um quebra-cabeça complexo por trás dessa promessa nunca cumprida. Em carta de abril de 1928, Mário se abre, escrevendo a Sérgio que "a promessa do artigo é ouro para mim". Aí reponta a primeira peça: "Tenho esperança de alguma coisa que me interesse de verdade porque, repara, com exceção dumas poucas coisas, ditas pelo Tristão [de Athayde], ninguém até agora, não percebeu direito em mim coisa que me interessasse [...] nem é artigo publiquento e publicável que espero. Basta carta, ali, uma carta que me falasse coisas mais subtis (ergo: mais profundas) sobre este vulcão de complicações que eu sou! Jamais não consegui saber o que eu sou. Mas ponha reparo nos que escrevem sobre mim: sou fácil como água para eles, questão fácil de resolver, dois mais dois. Tenho esperança em você que soube falar sobre Hardy e inda milhor de vez em quando inventa coisas."

Selecionando as peças sobre a mesa, uma montagem crítica permite supor que o obituário de Thomas Hardy, que Sérgio escrevera para o *Diário Nacional* naquele mesmo ano, conteria as chaves para a compreensão da obra de Mário. Segundo o jovem articulista, àquela altura com 26 anos de idade, o escritor inglês sempre carregara "qualquer coisa de desmedido", um "sentimento convulsivo dos temas essenciais de nossa existência". Debatendo-se sobre os escombros da sociedade vitoriana, Hardy estaria entre aqueles que "se rebelam contra as forças ordenadoras que dirigiram sempre a sabedoria e a segurança dos homens na Terra e resistem energicamente a qualquer tentativa de expressão social". E remata: "seria mesmo bastante estranho que se procurasse prolongar essa experiência individual em um sistema coerente de ideias".

Para bom leitor, poucas palavras bastam. Aí estão, quase literalmente, expressões de artigos anteriores de Sérgio, mas aí estão, também, as linhas mestras da crítica ao autoritarismo que floresceria, anos depois, em *Raízes do Brasil*. O conflito entre a "expressão" e a "ordenação" coloca, no centro do debate político, o indivíduo ameaçado por forças que o transcendem. Daí a importância, no ensaio clássico de Sérgio Buarque, da crítica à recuperação anacrônica da Escolástica pelo pensamento conservador, que nos anos 1930 viria a alimentar um veio católico de direita. O dado é relevante não apenas para a compreensão da obra de Sérgio Buarque. A imaginação de Mário de Andrade também se vê jogada entre os extremos da "ordem" final, que se busca e nunca atinge, e da "desordem", que aponta para o fulcro criador e irredutivelmente individual da arte. Muito antes que Mário sistematizasse a condição dilacerada do artista em *O banquete*, ou antes que imaginasse o cantador do povo a sacrificar exemplarmente a própria individualidade, é *Macunaíma*, para todos os efeitos, o lugar onde se encontrarão respostas para muitas das questões que as cartas dissimulam, em sua brevidade e aparente leveza.

A irresolução dilacerante de *Macunaíma* não é bem a oscilação entre o destino final da coletividade, que o herói recusa, e os desvios criativos do indivíduo que se refestela no prazer do instante? Não está aí, figurada e desenvolvida em estrutura contrapontística, a questão do inacabamento e da miséria deste mundo, habitado por aquela "pobre humanidade"? Mundo desesperadamente precário, sempre que o tomamos como a cópia imperfeita de um outro mundo.

Conjunto pequeno, as cartas dos dois autores não chegam a explicar suas obras. Mas elas nos obrigam a revisitá-las, permitindo elaborar novas questões sobre a tensão entre a ordem, de um lado, e a desordem, de outro. Tensão esta que, estando na base do pensamento de ambos, dá origem a uma ilustre linhagem do pensamento no Brasil, que seguirá encantado, século XX adentro, com uma dialética muito nossa conhecida, familiar a todos aqueles que nos sentimos jogados entre a dor da ordenação e a delícia da desordem.

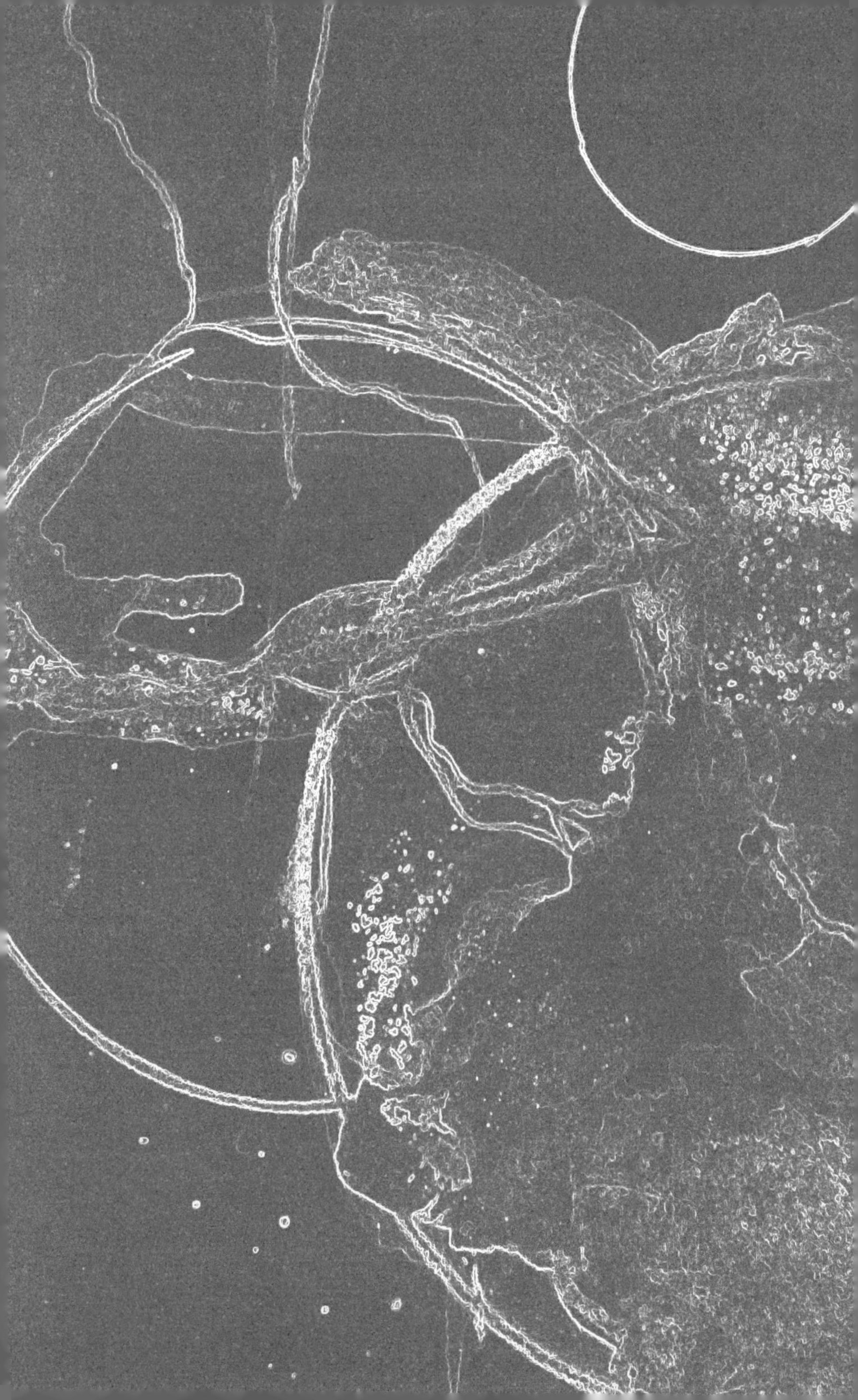

Cenas de leitura (Piglia)

Piauí, dezembro de 2015, a propósito do primeiro volume dos *Diarios de Emilio Renzi*, que seriam posteriormente lançados no Brasil pela Todavia.

A leitura é um tema que atravessa a vida e a obra de Ricardo Piglia. Onde estamos e quem somos quando lemos? São perguntas que retornam em seu último livro, *Los Diarios de Emilio Renzi: Años de Formación*, que acaba de ser lançado pela editora Anagrama, de Barcelona.

Emilio Renzi é a composição dos nomes do escritor (Ricardo Emilio Piglia Renzi). Duplo ficcional do autor, ele já aparecera em vários de seus romances. Observador agudo e um tanto solitário, Renzi tem prazer em descrever, jamais em intervir. A sugestão é clara: se queremos entender algo, convém ajustar o foco e observar o que veem aqueles que se posicionam no fundo da cena. O centro do palco é chato, previsível. A literatura, contudo, reconstrói o mundo a partir de cantos estranhos e becos sem saída.

Convivi com Piglia em Princeton ao longo de quase uma década, até que ele regressasse a Buenos Aires. Era formidável tê-lo como colega, o único capaz de tornar uma reunião de departamento não apenas suportável, mas interessante. Ainda posso vê-lo falando, apertando o dedo médio e o indicador enquanto os olhos cerravam ligeiramente atrás dos óculos sempre pendentes. O jogo de perspectivas que ele trazia nos desconcertava e mudava o rumo da discussão. Com o tempo aprendi que se tratava sempre de uma nova maneira de ler o mundo.

Em seus diários, Renzi recorda, enquanto bebe num bar, que desde menino gostava de repetir o que não entendia. Desdobra-se então a primeira cena de leitura: o avô, "ausente num círculo de luz", tem o olhar fixo num "misterioso objeto retangular". Como num segundo take (a literatura de Piglia é atravessada pelo cinema), o garotinho Emilio se senta no limiar da casa da infância e, imitando o avô, segura um livro aberto sobre os joelhos. É quando passa uma "longa sombra", que se inclina e lhe diz que o livro está de ponta-cabeça. Num terceiro take, Renzi, de volta ao bar, supõe ter sido o velho Borges, que costumava passar as férias em Adrogué, cidade natal de Emilio, quem o alertara sobre o livro invertido.

Como sugere seu romance de 1992, *A Cidade Ausente*, o universo se mantém apenas porque alguém teima em deixar ligada uma máquina de contar histórias. Mas não se trata da permanência de um mundo artificial, como se a literatura fosse mera falsificação. Ao contrário, a ficção é capaz de sustentar um plano singular, ao menos enquanto resistimos ao apagamento da história. A metáfora das comunidades que se formam ao largo da cidade e de suas leis é muito forte em sua obra, como se a vida insistisse em afirmar-se contra a corrente, nas margens da sociedade, revitalizada em histórias que devem ser narradas para que possamos continuar vivos, diante da ameaça do corte extemporâneo e violento da morte. Piglia nos contava sobre os grupos de estudo que, durante a ditadura argentina, quando a universidade era vigiada, reuniam-se clandestinamente, numa espécie de aula particular que os alunos pagavam de acordo com suas possibilidades. No universo do escritor argentino, o dinheiro tem sua função redirecionada para a subsistência da comunidade alternativa, numa circulação que rejeita e questiona a acumulação.

A fascinação pela leitura corresponde à percepção de que os autores são leitores compulsivos e seletivos. Os cursos de Piglia em Princeton inventavam e reinventavam o cânone. Lembro do entusiasmo de seus alunos, maravilhados com a ideia de que, afinal, um crítico só pode existir se for capaz de inventar seu próprio cânone — essa imaginária estante mínima que cada um de nós monta a seu gosto. Foi nesse contexto que ouvi, da boca de seus estudantes (que agora seguiam meus cursos e traziam as discussões dos seminários conduzidos por Piglia), os nomes de Roberto Arlt, Rodolfo Walsh e Witold Gombrowicz, ou mesmo Macedonio Fernández, que iam formando galerias novas e improváveis na minha mente, e me levavam a perguntar quem era Ricardo Piglia.

Nos diários de Renzi, peças ficcionais e críticas se mesclam às anotações de um diário cujo autor — Piglia, Renzi? — tem algo de indecifrável. Afinal, de quem é a voz que ouvimos? No capítulo intitulado "Quem Diz Eu", o primeiro parágrafo é um verdadeiro programa de teoria da literatura: "Como nos ensinou a linguística, o Eu é, de todos os signos da linguagem, o mais difícil de manejar, é o último que a criança adquire e o primeiro que o afásico perde. No meio do caminho entre os dois, o escritor criou o costume de falar de si mesmo como se se tratasse de outro."

Ou seja, o Eu dos relatos, inclusive do relato de Renzi–Piglia, é uma pessoa ficcional ancorada entre a criação e o esquecimento, como que fadado a existir numa história que o mantém ao mesmo tempo preso e vivo. Arcadio Díaz-Quiñones, amigo e parceiro de Piglia em Princeton, relembrou que "Quem Diz Eu" é o prólogo de uma antologia de narrativas autobiográficas que o argentino organizou, em 1968, para a editora Tiempo Contemporáneo, com relatos de autores como Borges e Cortázar.

O trabalho editorial é um dos laboratórios de sua ficção. Para a mesma editora, Piglia dirigiu, entre 1969 e 1977, uma coleção de romances policiais intitulada *Serie Negra*. Tão sedutora quanto a psicanálise, a novela policial postula que nossos movimentos se dão sobre uma verdade oculta e poderosa, que nos dirige sem que saibamos por quê. Ao propor uma história e fornecer o quadro em que o sujeito deve se encontrar, a ficção pode ter algo de paranoico, como se ao fim de tudo devesse existir um sentido. Mas qual sentido? O que diz, aquele que escreve "Eu"?

Ler Piglia pode dar a sensação de que a realidade é um buraco imenso em que se cai, de repente, quando se abre um livro. O "misterioso objeto retangular" nos traga, tornando o mundo ligeiramente diverso do que é, como se a realidade mais próxima se fizesse distante e desconhecida, inaugurando uma nova perspectiva sobre o que até ali era familiar.

O último romance de Piglia é um *campus novel* intitulado *O Caminho de Ida*. Trata-se do mais perfeito exercício de aproximação e distanciamento. Escritor frustrado, o narrador é convidado a atuar como *visiting professor* na "elitista e exclusiva Taylor University", que fica numa cidadezinha "esplêndida", que "parecia fora do mundo a 60 quilômetros de Nova York". Qualquer um que tenha visitado Princeton reconhecerá imediatamente os lugares, os nomes, as esquinas, e sobretudo — para os que vivemos e trabalhamos aí — os estranhos personagens envoltos na trama de morte e sedução que subjaz, latente, à pacata vida acadêmica. É inesquecível a cena do velho scholar que mantém, num imenso aquário em seu porão, sobre o qual se pode inclusive caminhar, um soberbo e deslizante tubarão.

Se o tubarão é (suponho) pura invenção, muitas das cenas são familiares, transportando o que conhecemos para o plano da ficção, convertendo as pessoas em personagens que ora se aproximam ora se distanciam do que chamamos de "realidade". Mas o que é a realidade, depois da experiência da leitura?

Ler um livro como *O Caminho de Ida* é uma revelação. Terei conhecido Nina, a vizinha russa que lia de tudo? Eu também não morei em Bayard Lane? Não ensinei na mesma sala, na biblioteca? Vem-me à mente Piglia, em sua casa, fascinado com o misterioso vizinho que ele via pela janela, lendo noite adentro, iluminado pela luz... de que realidade? A cena do leitor imerso em mistério aparece em seus livros, e agora, em *Los Diarios de Emilio Renzi*, a cena inaugural da leitura se revela o fundamento de toda uma relação com o mundo, a única forma de organizá-lo: com um livro em mãos.

A imagem do "círculo de luz" em que mergulha a face de quem lê é central para o autor, que adorava zombar dos cartazes que, durante sua juventude, faziam propaganda das absurdas técnicas de "leitura dinâmica". O caráter sequencial da leitura (uma letra após outra, uma palavra em seguida à outra) o apaixona, justamente por estabelecer um percurso necessário e incontornável, que prende o leitor, como a história que ouvimos encantados e que não podemos acelerar. Há algo radicalmente analógico na leitura, sem prejuízo do que os meios digitais possam trazer. Tivemos inúmeras conversas a respeito disso, e recordo o momento emocionante em que, em sua casa, quando nos despedíamos, seus alunos do doutorado lhe deram de presente um Kindle previamente abastecido com uns tantos romances. Sua face se iluminou, e ele exclamou: "Uma máquina de ler!"

Ele gostava de dizer que há dois tipos de narrador, o viajante e o adivinho. Um se desloca e tem que regressar para contar o que viu; o outro interpreta os rastros e os sinais incompreensíveis a sua volta. Mas ambos estão atrás de uma história em que eles mesmos se envolvem, por meio da qual ficam suspensos entre o início e o fim, como o "Eu" que se equilibra, instável, entre a infância e a afasia.

Há cinco anos, quando Piglia decidiu que iria se aposentar, os colegas Paul Firbas, Fermín Rodríguez e eu o entrevistamos, com a intenção de discutir a literatura e os novos meios. Sua primeira observação foi a de que "os finais condensam sempre os sentidos". Mas é preciso reconstruir a cena: ele chegou atrasado ao encontro, com Beba, sua mulher, e dois notários. Para nossa surpresa, os tabeliães traziam seu testamento, que era parte do processo de aposentadoria que ele começara a tramitar na universidade. Iniciávamos a entrevista, literalmente, como testemunhas do legado do autor[1].

....
1. A entrevista resultou num livro publicado também no Brasil. Cf. Ricardo Piglia, *Meios e finais: conversas em Princeton*. Org. Paul Firbas. Trad. Marina Bedran. São Paulo: E-galáxia, 2017.

Piglia se confessou fascinado por testamentos, porque eles ensaiam um fim impossível. Em seu tom antimelancólico, dizia que "na vida não há finais, isto é, não somos conscientes da cena final". Os finais são sempre artificiais, exteriores ao próprio fluxo da conversa. Se nada nos impedisse, talvez tivéssemos dialogado ininterruptamente por três dias. O mesmo, nos disse, aconteceria com as aulas — outro gênero que o escritor cultivava com grande apuro —, não fosse a "lógica social que organiza os finais" e impõe um encerramento, sempre externo ao próprio relato.

Recentemente, sabendo-o doente (Piglia tem esclerose lateral amiotrófica), escrevi-lhe um e-mail para contar da homenagem que prestáramos a Eduardo Coutinho em Princeton. Ele respondeu dizendo que, por coincidência, estivera há pouco lendo a entrevista que fizemos com ele, e que, ao lê-la, "as imagens voltaram como num sonho". Hoje me dou conta de que, mais uma vez, tratava-se de uma cena de leitura, capaz de organizar os sentimentos e estabelecer uma ordem na narrativa. A sensação, estranha, era a de ser um personagem na imaginação dele. O resultado de um sonho, não mais que isso.

Em seguida, veio a notícia de que ele ganhara o prestigioso Prêmio Formentor, já em meados do ano. Desde então, não troquei mais que umas tantas mensagens com sua assistente, que aparece, metamorfoseada numa musa, em *Los Diarios de Emilio Renzi*.

Não foi sem emoção e surpresa que descobri que o livro termina com um Renzi doente, incapaz de pronunciar a palavra "enfermo", sempre dizendo aos outros que está apenas "um pouco enrolado" — exatamente a expressão que empregara em seu e-mail, e que agora, confirmo, é o signo compartilhado de um estado de espírito.

"Enrolado", ele dita à assistente um diário que se converte na história de uma leitura: "Eles são, repetiu, voltando ao presente da conversa, eles são agora, para mim, a máquina do tempo."

Como um trapezista saltando no vazio sem rede de proteção, Renzi espera que um leitor apareça e segure a sua mão.

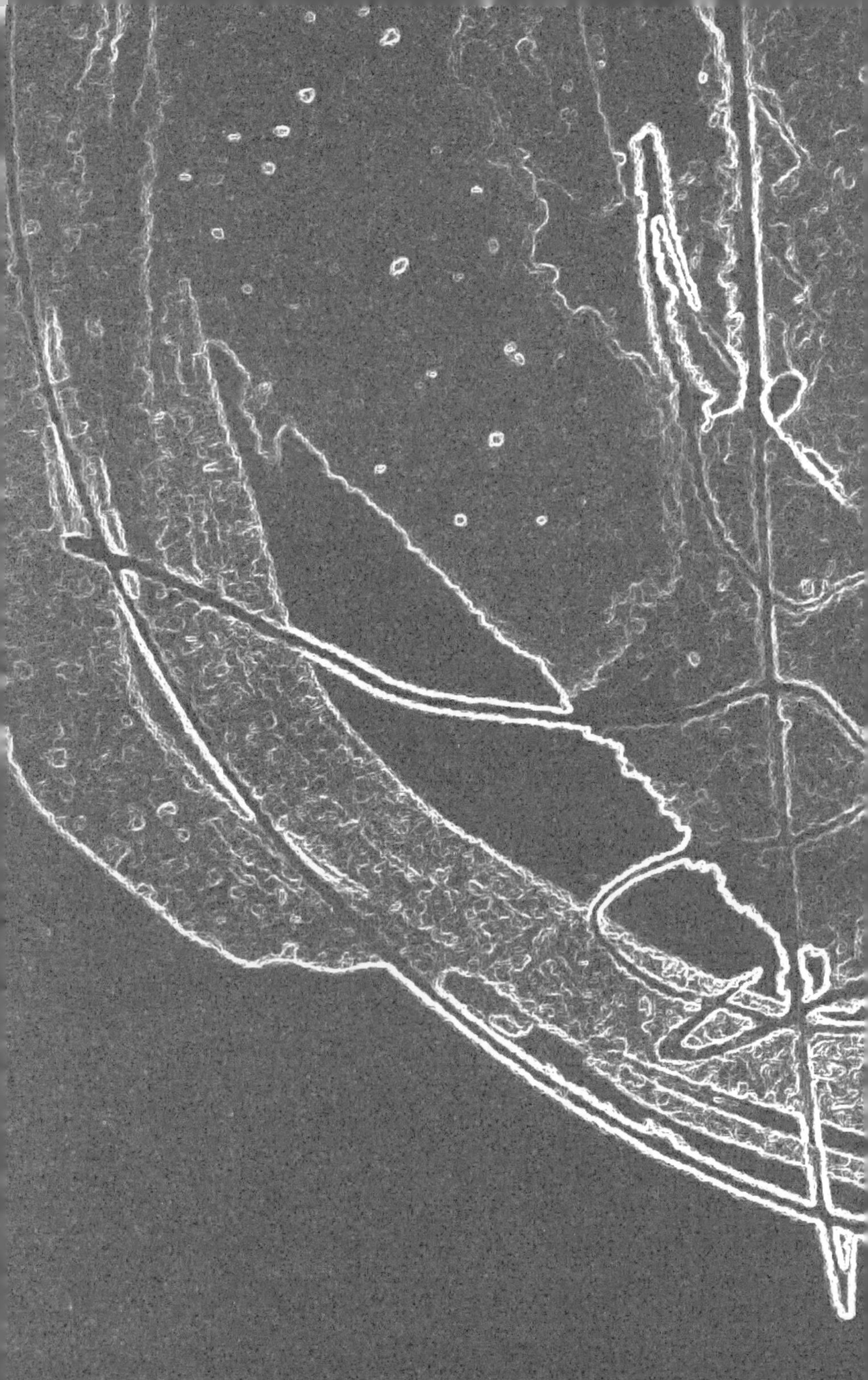

Literatura e respiração:
Ricardo Piglia (1940-2017)

Blog Peixe-elétrico e *Blog da Companhia*, janeiro de 2017, por ocasião da morte de Ricardo Piglia.

Lemos como quem quer respirar. Continuar a leitura é às vezes uma necessidade estranha e imperiosa, como quando se arranca na corrida sem que haja mais fôlego.

    O escritor é um leitor *in extremis*, alguém para quem a parada não faz parte do jogo. Quando os estoicos escreviam sobre a morte virtuosa, o fato é que escreviam, não morriam. Falavam da ausência, preenchendo-a com as letras. O estranho, no fim das contas, é manter-se do lado de cá, onde estão os vivos, abandonados todos os dias pelos mortos.

    Morreu Ricardo Piglia, na última sexta-feira, dia 6 de janeiro. Como tantos que o conheceram e o admiraram, já há algum tempo eu vinha pensando no sentido de uma vida que se estende ao limite, como que pendendo no umbral da morte. Desde que foi diagnosticado com uma doença neurodegenerativa, há alguns anos, seu corpo vinha se desligando, e as notícias trazidas pelos amigos mais íntimos que o visitavam eram impressionantes. Ricardo foi progressivamente perdendo os movimentos, até que lhe restaram os olhos e os ouvidos. Graças à tecnologia de *eye tracking*, e a despeito da traqueostomia e da dependência severa de máquinas e pessoas à sua volta, ele pôde escrever quase até o final, apontando o olho para as teclas que descansavam numa tela. Seguia lendo, ouvindo e escrevendo, cada vez mais conectado às máquinas.

    Para seus leitores, é impossível não pensar na grande metáfora da máquina de contar histórias que segue teimosamente ligada, à margem do discurso oficial. Em

La Ciudad Ausente (1992), o narrador retoma a máquina imaginada por Macedonio Fernández no *Museo de la Novela de la Eterna*, que é responsável pela eternização da amada, e a transforma numa engenhoca que pode seguir contando aquilo que escapa à atenção dos cidadãos. É que, mergulhada no encanto das sirenas da propaganda estatal e mercadológica, a cidade é incapaz de escutar a história daqueles que foram obrigados a deixá-la. O exercício de Piglia, leitor de Macedonio, é voltar os ouvidos ao engenho que mantém viva a voz dos que foram expulsos. Aquilo que a teoria dialética chamaria de *contraideológico* revela-se o produto da imaginação dos que já não cabem na cidade. O exílio é a condição da poesia, pelo menos desde que a política foi usada para se pensar a vida na cidade, no momento em que a verdade passou a ser um problema filosófico, no embate pelo direito de se sustentar a voz em praça pública.

Ricardo não era um platônico, mas tinha fascinação pelos discursos que se desenvolviam à margem da celebridade. Em sua literatura, tudo o que é demasiado evidente sofre a torção do ficcional: numa estória, há sempre duas estórias, algo que não se revela imediatamente. Ao mesmo tempo, o flerte com o gênero policial é a crença no papel duplicador da narrativa: algo real se desenrola sob nossos olhos sem que o notemos, ou sem que saibamos como e por quê. No entanto, o detetive de Piglia não é um Sherlock que, movido por um pó mágico e pela racionalidade mais delirante, chega ao desnudamento da verdade. Menos excepcional, ou talvez menos heroico, mas ainda assim moderno, Renzi é prosaico nas suas aventuras, nunca completamente embarcado nelas, como se um Bartleby o perseguisse e ele estivesse sempre prestes a dizer que não vale a pena chegar ao fim de tudo.

A literatura vem antes do fim de tudo. No último sábado, no dia seguinte à sua morte, numa conferência em Philadelphia dedicada ao estudo do século XIX na América Latina, uma amiga lembrava sua última visita a

Ricardo, em Buenos Aires. Alertada sobre a cena terrível que encontraria, ela se surpreendeu, porque mesmo com a impossibilidade de movimentar-se ou falar, a literatura era ainda uma grande "*fiesta*", em torno das máquinas que mantinham o escritor vivo. Um *escritor sem corpo*, Piglia brincava, sério.

A memória é o grande tema da política, e Ricardo levava isso ao limite: como lidar com a voz dos mortos, como reconfigurar as narrativas e escrever a história que não foi contada? A festa da literatura é a chance que temos de mexer com os arquivos, brincando diante do esquecimento, embaralhando as recordações.

Outro amigo me lembrou sua última visita a Ricardo, em setembro. Assombrado com sua proverbial gentileza, mas também com a memória prodigiosa, capaz de resgatar detalhes mínimos do que se passara décadas antes, este amigo exclama: "mas que memória..." E eis que na tela da máquina, diante de um corpo paralisado, se lê "*los recuerdos persisten*".

Foi um exercício difícil, nos últimos dias, revisitar os e-mails que troquei com Ricardo. Há pouco menos de dez anos, quando ganhei permanência no quadro docente da universidade, ele me enviou uma mensagem parabenizando-me. O título é como um convite a pensar, e cala fundo: "*Permanencia y fluidez*". Ou então, a curiosidade e o pedido de indicação de três jovens ("*o no tan jóvenes*") narradores brasileiros, porque suas "*últimas referencias son Osman Lins, Silviano Santiago, Clarice Lispector, etc.*" Ou ainda, quando combinávamos a entrevista que faríamos com ele, antes que voltasse a Buenos Aires, ele contava a Paul Firbas, copiando-me, que estivera com James Irby, e que este recordara com emoção uma conversa sobre Lezama Lima ("*¿O era sobre Vallejo?*", pergunta Piglia). Ricardo era assim: conversas e mensagens rápidas invariavelmente vinham com um pequeno gesto, um aceno literário mais ou menos enigmático, o carinho condensado em uma ou duas linhas.

Piglia nunca foi à Flip, mas adorou a Fliporto. Seu forte era pelas margens, como lemos em outro e-mail, de 2010:

"*En Recife espero encontrarme con los espectros de Osman Lins y de Clarice*". Em 2011, quando já editávamos a entrevista que fizéramos, ele nos escreve, a mim e a Paul Firbas: "*la entrevista quedó muy bien, muy fluida, con resonancias múltiples. Tiene la virtud de fijar los pensamientos todavía no pensados, que son los mejores y los más intrigantes. Produce además la ilusión de una conversación, como si no estuviera grabada y filmada. Aparte de esta ilusión de inmediatez y de improvisación (a la manera del jazz) me gustaría revisarla o en todo caso ajustar algunos detalles (los subrayados en verde), pero no tengo mucho tiempo en estos días. Ya me dirán qué planes tienen con la conversación. Por mi lado estoy pensando en preparar* Critica y Ficción II *con entrevistas de los últimos años y por supuesto me gustaría mucho incluirla. Pero para eso falta muchísimo... Espero que vayan pasando con calma el verano y que anden bien. Yo estuve una semana en Caracas donde todo está muy acelerado y muy caótico*".

Hoje penso que há algo de um cinematógrafo nessas mensagens, certa paixão de Ricardo pelas mensagens fluidas, em que permanecem apenas as recordações, como peças de um filme cujo enredo não está muito claro. Salto a 2015, quando a doença já tomara conta de sua vida e, pelo que sei, as mensagens talvez já fossem ditadas ou "escritas" com os olhos na máquina. Ou talvez o iPad ainda o ajudasse? Neste caso, reproduzo a mensagem completa: "*Querido Pedro, en estos días te he tenido muy presente porque volví a leer la conversación que hicimos en tu casa con Fermín y con Paul la noche del testamento. Las imágenes volvieron como en un sueño. Ya sabes que estoy un poco embromado de salud, nada muy grave, no tengo dolores pero la dolencia ha afectado los movimientos, así que no salgo de casa y aprovecho el sedentarismo obligado para trabajar. Muchos cariños a Andrea y para vos un fuerte abrazo. Recuerdos, Ricardo. Enviado desde mi iPad*".

Ele se referia à entrevista que fizéramos em 2010 em minha casa em Princeton, com Paul Firbas e Fermín Rodríguez (Fermín participava da California, por Skype), e que se iniciara com a inusitada cena de sua chegada, ao lado de Beba, com os notários que vinham oficializar o seu testamento. Ricardo se aposentava da universidade, e uma questão legal o levara a escrever o seu testamento, que era assinado ali, na nossa cozinha, tendo-nos como testemunhas. Logo depois conversaríamos longamente sobre "meios e finais", velocidade e leitura, a literatura e o fim.

Depois disso, comunicações breves, algumas "assinadas" por ele, outras por Luisa Fernández, sua assistente. Ele se emocionaria ainda com o ensaio que publiquei na *piauí* sobre os *Diarios*, em 2015, e, por último, em março de 2016, se entusiasmaria e enviaria um pequeno comentário para compor a quarta capa de *A memória rota*, livro de Arcadio Díaz-Quiñones que eu organizara e traduzira para a Companhia das Letras.

O que significa que Ricardo tenha seguido escrevendo, cada vez mais envolvido pelas máquinas? Está claro que havia uma pequena legião de pessoas em torno dele, dos enfermeiros e assistentes aos que simplesmente o amavam. Mas que sentido há em manter a "voz", como último recurso e instrumento, já completamente encapsulada no grão do olhar, por meio desse gesto único de mirar um teclado e disparar as letras?

A literatura como prisão, como busca paranoica do relato perfeito... Penso em *Prisión perpetua*, de 1988, que se inicia "*en otro país*", quando o narrador relata um conselho inesquecível do pai: "*También los paranoicos tienen enemigos*". O contador da história segue: "*no era um consejo pero siempre lo usé así: una máxima privada que condensa la experiencia de una vida. Esa frase era el fín de un relato, el cristal donde se reflejaba la catástrofe*". Desenrola-se então a história do pai do narrador, um peronista jogado entre a desilusão e a prisão, até que nos deparamos com esta pequena reflexão, "*La luz de Flaubert*": "*La novela moderna es una novela carcelaria. Narra el fín de la experiencia. Y cuando no hay experiencias el relato avanza hacia la perfección paranoica. El vacío se cubre con el tejido persecutorio de las conexiones perfectas, la esctructura cerrada*, le mot juste. *Flaubert define ese camino, decía Steve. Un hombre encerrado días enteros en su celda de trabajo, aislado de la vida, que construye a altísima presión la forma pura de la novela. La luz laboriosa de su cuarto que permanecía encendida toda la noche servía de faro a los barcos que cruzaban el río. Esos marineros por supuesto, dijo Steve, eran mejores narradores que Flaubert. Construían el fluir del relato en el río de la experiencia".*

Fomos deixados para trás, como se a fantástica metáfora da respiração artificial, ressignificada, quisesse nos lembrar que a narrativa literária é também recolhimento, seleção, obsessão, e uma forma voraz de fugir ao mundo, para haver-se com ele. A nós, que ficamos um pouco mais sós a cada dia, acuados neste mundo à beira da catástrofe, resta o cristal da recordação, que ganha sua forma no "sedentarismo obrigado" da máquina literária, que nos cumpre manter viva.

Ou talvez, queiramos ou não, saibamos ou não, a máquina segue viva, fazendo-nos respirar, por enquanto.

Hatoum e os fantasmas

Pena vadia, agosto de 2010.

Temos, na literatura brasileira, fantasmas realmente poderosos? Alguém que os tenha imaginado com perfeição e que deles tenha aproveitado toda a força poética? Há um autor brasileiro que nos faça lembrar imediatamente de um Henry James ou, para pensar em quadrante mais próximo, de um Juan Rulfo?

Certo, há fantasmas, aqui e ali. Em certas memórias, é claro. Nos casarões que Gilberto Freyre perscruta com angústia e fascínio, indagando-lhes o que foi feito do brilho de outrora. E há, é claro, um fantasma pairando soberano sobre todos, a um só tempo galhofeiro e melancólico. Mas sabemos que Brás Cubas é apenas uma invenção especiosa, feita para que os torneios metaliterários de Machado pudessem caber em algum lugar, em alguma voz. Ao fim, Brás é o mais vivo dos autores, e só é um fantasma por conveniência, para que possa dar-nos aquele famoso piparote inicial.

Mas e Milton Hatoum? Desconfio que, em sua ficção, os fantasmas ganham o seu grande momento na literatura brasileira.

Não é que a Manaus de seus livros seja uma Comala, nem ainda uma Macondo. Manaus está lá, alerta, vivendo como um organismo a sua decadência inexorável, substituindo uma espécie de podridão saudável (o mundo fragmentário e sujo do Negro, suas palafitas e meandros anfíbios, onde pulsa uma vida todavia estimável) por uma podridão sempre menos digna, que é aquela da grande cidade que se moderniza, em que o que havia ainda de sólido no velho organismo cede à abstração sem sentido e à entrada em cena de um corpo estranho, ou de um tempo estranho, de uma velocidade que não é cativante, mas tão somente destrutiva. Manaus se consome a si mesma na narrativa de Hatoum.

A decadência da família está, mais ou menos central, em todo o seu trabalho.

Sigo, contudo, pensando nos fantasmas, que é tudo que resta depois que a família se vai, uns mortos, outros simplesmente idos. Penso ainda no momento talvez mais tocante de *Dois irmãos*, quando Zana, com os filhos todos já fora de casa, o marido e a criada mortos, o casarão vendido, passa a chave em seu quarto e lança um olhar sobre a lona que cobre os móveis de sua intimidade. É então que ela desce as escadas, para encontrar vazias a cozinha e a sala: "Quando ela desceu, a casa parecia um abismo".

O que é o abismo da casa vazia? O que é esse vazio além do vazio?[1] Um vazio a descansar poderosamente dentro de outro vazio, que é a ausência de móveis e gentes...? Seja o que for, trata-se de um vazio vertiginoso, porque não fornece limite algum para a queda. Eis aí a definição mais simples daquilo que é o abismo: o espaço sem fundo que nos aguarda quando todos os outros se foram, quando tudo o mais desaparece.

Mas o que surge daí, desse lugar com que nos deparamos quando faz falta tudo que é familiar, tudo que é propriamente doméstico? Nossa casa (*domus*) é aquilo que dominamos. Mas o que acontece quando perdemos o domínio sobre esse espaço? Talvez aí resida, precisamente, muito da força da ficção de Hatoum. Uma força que paradoxalmente se revela quando a *perda já se deu*. Uma força que somente pode existir, e subsistir, quando já não há nada mais que sustentar.

....
1. **Not a Translator's Note:** Somewhere between emptiness and the void, I turn up this etymology, from the American Heritage Dictionary: "In Old English *ic eom ǣmtig* could mean 'I am empty', 'I am unoccupied', or 'I am unmarried.'" Vazio as leisure, not as a lack; to be empty, vacant, at rest.

Entretanto, diante da perda, a voz do narrador não pretende fazer renascer, proustianamente, o mundo perdido. Ao contrário. Os leitores nos sentimos como se tivéssemos sido empurrados para a frente, um pequeno e significativo vazio sendo deixado para trás, entre nós e o que se narra, como se um *gap* se abrisse entre aquilo que é narrado e o leitor. O que escutamos, escutamos entrecortado, mas não por alguma artimanha da memória, e sim porque *algo falta*, sempre, nessa ficção.

Ao narrador de *Dois irmãos* falta um pai. Ou melhor, sobra um pai, o que é o mesmo que dizer que lhe falta a função e o acolhimento paternos. Sua narrativa é, de certa maneira, a tentativa de dar sentido a uma cascata de vozes perdidas, ora dominantes, ora fracas (talvez valesse a pena pensar *Dois irmãos* como uma harmonia duplamente regida, em tom maior e menor).

São vozes pacientemente alinhavadas pelo narrador, o amável Nael, filho bastardo que cresce entre o trabalho embrutecedor do criado e o espaço minúsculo de uma casinha no fundo do quintal onde ele devora as migalhas de conhecimento que lhe são deixadas por um possível pai e um possível avô. A genealogia mesma, aprende-se com o romance, é uma possibilidade fugidia, um encontro — ou talvez um desencontro perene — de sentimentos e afetos, uma comunicação sempre truncada, envenenada pelo amor excessivo e pelo ódio incontido.

Talvez na literatura portuguesa contemporânea vamos encontrar, naquilo que toca aos fantasmas, um romance à altura de *Dois irmãos* no magnífico livro de Teolinda Gersão, *A casa da cabeça de cavalo*, de 1996.

Por fim, há uma frase solta, na fala angustiada, mas límpida, do narrador de *Dois irmãos*, que não consigo esquecer: "*Meus sentimentos de perda pertencem aos mortos*".

O que desaparece das vistas pode sentir-se como algo que falta, ou que "faz falta" — segundo esta curiosa expressão cuja profundidade o seu uso comum nos impede de ver. Como algo pode "fazer falta"? Como se produz a falta? Talvez a falta se "faça", e a poesia então se faça, apenas quando sabemos que o que falta não é mais deste mundo. É do outro mundo que fala Milton Hatoum.

Vale a pena reler o último parágrafo de *Dois irmãos*, quando o possível Pai é visto pela última vez: "Omar titubeou. Olhou para mim, emudecido. Assim ficou por um tempo, o olhar cortando a chuva e a janela, para além de qualquer ângulo ou ponto fixo. Era um olhar à deriva. Depois recuou lentamente, deu as costas e foi embora."

À deriva (Heitor Dhalia)

Pena vadia, abril de 2010.

O que torna um filme como *À deriva* uma obra de arte tão tocante? Talvez a distância e a proximidade que marcam o pulso da narrativa e, com ela, os movimentos da câmera.

Mas o que é tão distante e ao mesmo tempo tão próximo?

Uma interpretação corrente vê no filme de Heitor Dhalia o tema do incesto: o pai mal se contém diante da filha que se torna mulher etc. No entanto, a obsessão moralizadora — o moralista não prevê a circulação do desejo no seio da família — cega o intérprete, tornando-lhe inacessível o verdadeiro tema de *À deriva*, que é o desejo, simplesmente. Nada mais nada menos que o desejo: puro, inalienável, ele é o que circula, o que boia do início ao fim do filme.

Resta entender por que o filme é aquático, e por que o azul é sua cor forte. Fosse outro o cenário, longe do mar, e o filme se perderia. Ou seria outro filme.

Mas há algo ainda, na distância e na proximidade, a que talvez valha a pena prestar atenção. O filme se passa na década de 1980. O velho quadro do escritor frustrado diante de uma máquina de escrever portátil é revisitado, e um espectador pode se perguntar o que seria deste filme se no lugar da máquina houvesse um laptop, ou mesmo se o isolamento da família em Búzios fosse entrecortado pelo celular. Algo seria então rompido. A distância seria aniquilada.

À deriva se sustenta num movimento pulsante, e não sobreviveria sem o afastamento: para nós, vendo-o hoje, trata-se de um quadro distante, como se o fluxo do tempo (marcado, insisto, pelo relativo isolamento que a era digital aboliu, talvez para sempre) se alterasse, como se vivêssemos, afinal, a fábula em toda sua pureza. *Once upon a time*, era uma vez, *il était une fois...*

O tempo suspenso num passado próximo e distante (um tempo imperfeito, daí a necessária regência do verbo) é o país dos contos: nem lá nem cá, à deriva, sobrevivendo na narrativa, e apenas nela.

Arrisco-me a uma definição, que não pode deixar de ser, afinal, uma metáfora: *À deriva* é um disco tocando numa vitrola, lento, preciso, a agulha deslizando suavemente nos sulcos. E o braço da agulha boia, ondulante, obsedando os olhos.

A classe das almas

Pena vadia, outubro de 2015.

Às segundas-feiras os lixeiros passam em frente de casa recolhendo o lixo. Sempre que trabalho no meu escritório, observo da janela a maneira displicente com que eles pegam as latas, vertem o conteúdo no caminhão e as jogam de volta, em geral sobre as plantas do jardim. A alma de classe média que mora em mim não resiste e exclama, lá de dentro: que falta de cuidado, será que eles fazem de propósito, por ser o jardim dos bacanas?

Hoje temos o Adolfo, colombiano, trabalhando no jardim. Ele veio com a parafernália toda, inclusive um rastelo para limpar o mato.

Quando passaram os lixeiros, o Adolfo estava de costas, agachado, plantando uma mudinha, e tinha deixado o rastelo estendido sobre duas latas de lixo. Eu fiquei olhando e pensei: "será que eles vão levar o rastelo por engano, pensando que é lixo?"

O rapaz do caminhão, um negro alto que eu sempre vejo às segundas-feiras, ao dar com o Adolfo de costas levantou o rastelo como se fosse um cristal prestes a romper-se, depositou-o no chão e levou o lixo até o caminhão. Voltando, abaixou-se, pegou o rastelo com delicadeza e o depositou precisamente, milimetricamente, no mesmo ponto de equilíbrio em que ele estava, suspenso entre as duas latas de lixo, agora vazias.

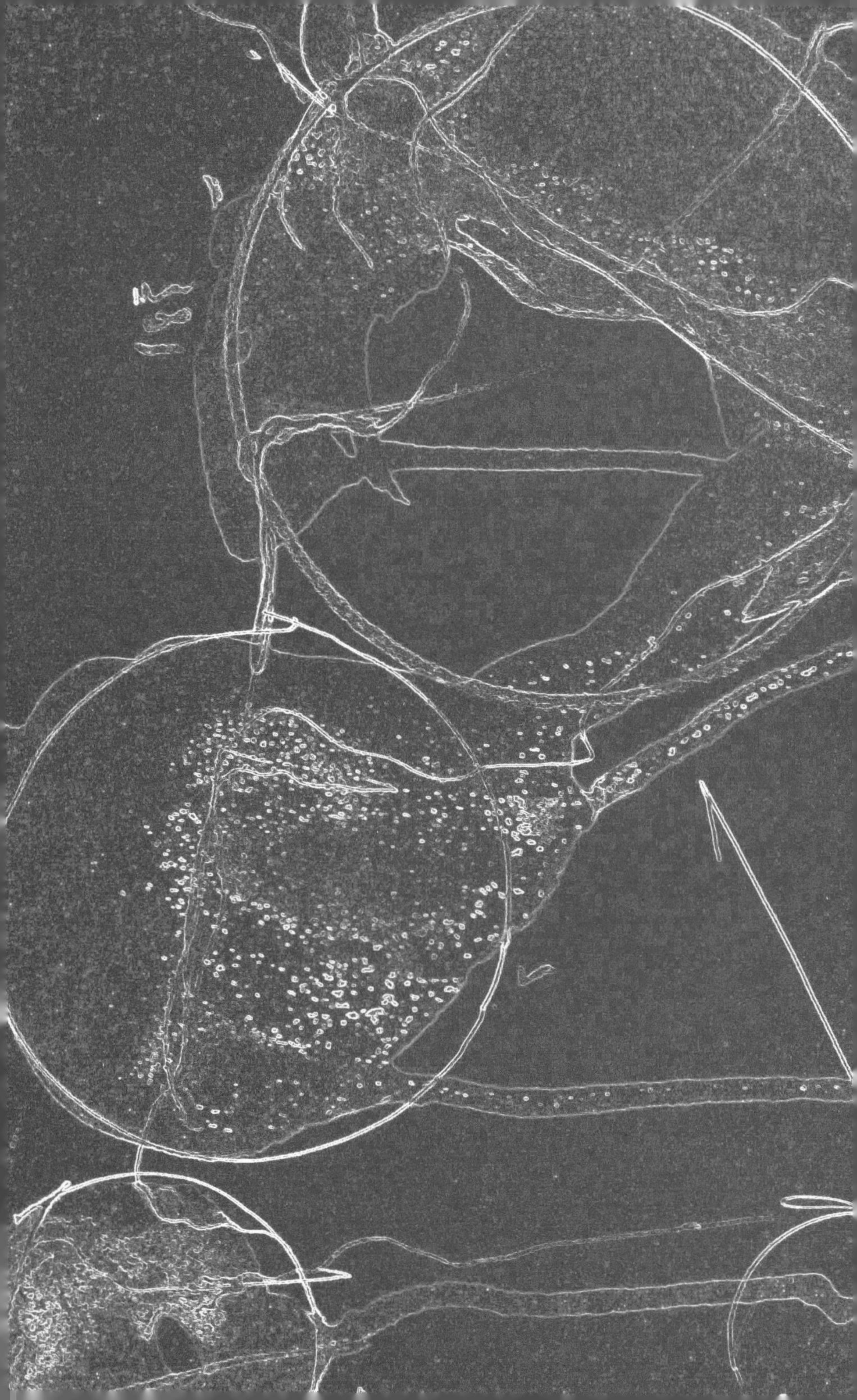

Espreguiçando-se (Kafka)

Pena vadia, dezembro de 2009.

Há algum tempo me intriga o final de *A metamorfose*, naquele momento em que a jovem senhorita Samsa se levanta e se espreguiça, após o passeio de bonde em que ela e os pais parecem ter se aliviado definitivamente do peso de Gregor, aquela "coisa" que estivera por tanto tempo esparramada no quarto, e de que a empregada finalmente se livrara.

É claro que a alegria juvenil da jovem contrasta a morte estúpida do irmão, mas o fato é que o espreguiçamento condensa um gesto de desafio, uma espécie de recordação macabra de que a alegria da família se construirá a partir do silêncio em torno de Gregor Samsa.

A repressão dos sentimentos e a afirmação narcísica do perfeito retrato da família são as duas faces de uma mesma moeda, que a espreguiçadela da jovem traz ao primeiro plano. Um primeiro plano que, em Kafka, está na ultimíssima cena.

O original traz: "*Und es war ihnen wie eine Bestätigung ihrer neuen Träume und guten Absichten, als am Ziele ihrer Fahrt die Tochter als erste sich erhob und ihren jungen Körper dehnte*". (Na tradução de Modesto Carone: "E pareceu-lhes como que uma confirmação dos seus novos sonhos e boas intenções quando, no fim da viagem, a irmã se levantou em primeiro lugar e espreguiçou o corpo jovem".)

É a língua de Freud. Portanto, há que pensar nesses *traumas*, ou melhor, nesses *sonhos* que o leitor imediatamente relacionará àqueles sonhos notoriamente intranquilos que precedem a metamorfose de Gregor Samsa.

Mas a intriga, para mim, resume-se à espreguiçadela, gentil e grácil, da irmã. No fim de tudo, este é o gesto que eleva os sonhos certos dos pais à sua máxima potência. É a vitória — criminosa — dos desejos paternos.

PS1. Há alguma sutileza que me escapa, mas que pressinto, e que talvez se perca ligeiramente na tradução de Modesto Carone (e em várias das traduções ao inglês que consultei). *"Ziele ihrer Fahrt"* parece ser o "fim da viagem". Mas um leitor de Kafka poderá desconfiar que se trata, afinal, do objetivo também da viagem, daquilo que se trama subterraneamente, no inconsciente da família. *"unbewußt"*, aliás, é o advérbio que aparecera logo antes para modular um verbo (*verständigend*) que faz pensar em toda a tradição hermenêutica, submetida, entretanto, à descoberta imensa do inconsciente. Pois então: está provado que só é possível filosofar em alemão.

PS2. Cada vez mais me agrada a tradução de Donna Freed: *"And it was like a confirmation of their new dreams and good intentions that at their journey's end their daughter jumped to her feet and stretched her young body."*

A sombra e a sobra

Pena vadia, novembro de 2009.

Que eu saiba, ainda não se escreveu um "ensaio sobre a sombra".[1]

Como seria tal ensaio? Qual a escrita capaz de falar daquilo que é, por definição, uma ausência? Afinal, a sombra é o resultado de uma projeção parcial de luz, porque um objeto se interpôs entre o foco e uma superfície qualquer, na qual se desenha a sombra, isto é, estampa-se o espectro do objeto.

....
1. Pouco depois de escrever esta nota, um amigo me apresentou *O elogio da sombra*, de Junichiro Tanizaki, de 1933, em que se leem preciosidades como esta (aqui, na tradução de Margarida Gil Moreira): "Os raios luminosos parecem ressaltar na superfície do papel do Ocidente, enquanto que a do *hôsho* ou do papel da China, semelhante à superfície coberta de penugem da primeira neve, os absorve suavemente."

A sombra funcionaria então como a relação fantasmal entre os objetos: quando ela existe, duas "coisas" se comunicam de forma estranha, quase sempre imprevista. No caso destas vigas que sustêm um pequeno terraço e uma balaustrada sobre o Thames, ao sul de Londres, a geometria é inesperada, porque há sempre duas sombras: a primeira, na face escura das vigas; a segunda, sobre os tijolos lamacentos, que parecem querer resistir à perfeição das retas.

Iniciado o jogo fantasmático das sombras, o convite é simples: retire-se da palavra uma letra ("m", por exemplo), e teremos o que importa, que é a sobra. A sombra é, no fim, uma sobra.

Leitura e superfície: abrolhos[1]

Pena vadia, dezembro de 2010.

Sem deslocamento não há leitura. A sentença, em si mesma banal, tem consequências vastas: a leitura implica um deslocamento.[2] Mas de quê? E para onde?

Seria fácil responder com a fantasia das "profundezas do sujeito", imaginando a leitura como uma atividade que mexe com o "nosso interior", provocando e, no limite, melhorando o ser. Mas esta seria uma fórmula inútil em sua grandiloquência.

O deslocamento em questão não aponta, necessariamente, para as profundezas ou para as alturas. É muito mais de uma *topologia* que se fala, quando se fala de leitura: quando leio, encontro escolhos (ou escolho encontros?), sinais ínfimos que transformo em significantes, tão mais importantes quanto mais opacos e resistentes eles pareçam.

Ler talvez seja entregar-se a uma topografia de acidentes: a história de um detalhe é a outra história da história. Como sabem os bons leitores, qualquer história que se preze exige um trabalho de foco, como se brincássemos com uma câmera, buscando os dois níveis em que faz sentido aquilo que se vê. Mas o que se vê é visto apenas

....
1. **Not a Translator's Note**: This chapter so gleefully alternates between open and closed vowels that it should be submitted for evidence in a plea to restore the circumflexes lost in the 1946 spelling reform.
2. **Not a Translator's Note**: Shift, displacement, dislocation. I can't help but remember the colleague who broke his leg ice-skating, decided to attend that week's seminar anyway, and stared glassy-eyed and sweating throughout the afternoon as the professor spoke about concepts of fracture and rupture.

na superfície em que, sem uma câmera com que brincar, não haverá senão as mesmas e mudas palavras.

O sentido talvez seja isso: a ponte precária que o trabalho de foco permite criar entre os escolhos que povoam a página.

Mas a definição é válida? Talvez, se lembrarmos que *escolho*[3] lembra *escolha*, que lembra *escoliar*, que lembra *escolar*, e tudo se junta — por via da etimologia mas também da leitura imaginosa e irresponsável — na ideia de uma colheita que os olhos fazem: colheita do que se lhes apresenta, e do que eles no fim das contas querem, por vias estas sim insondáveis, colher.

O português mais antigo, que é marítimo por vocação, lembra que o *escolho*, sendo um recife, obriga a uma ação: abrir os olhos.

O que a leitura permite, então, é ver o que se apresenta, o que se torna presente, como perigo: abrolhos.[4]

....
3. **Not a Translator's Note**: Escolho, rock, cliff, shelf, reef, danger. I choose.
4. **Not a Translator's Note:** Abrolhos, thorns, underwater snags. *Cidade de flores sem abrolhos / que encantando nossos olhos / prende o nosso coração.* Water with thorns, flowers with reefs. Caltrop: a word that gives me pause. From the Latin *calcatrippa*, a plant that trips up the feet. Caltrop was the name given to a weapon, metal spikes thrown on the ground to keep the cavalry from advancing. Abrolhos: the miguelitos of the Middle Ages.

PS. Mas a leitura que (nos) desloca não estará cifrada, como num negativo fotográfico, na usual incapacidade do olhar materno? Reparo, no belo *O conto machadiano: uma experiência de vertigem*, que Lucia Serrano Pereira segue intrigada pelos olhos oblíquos que ela estudara com tanta propriedade em livro anterior, pensando, é claro, no mais famoso olhar da literatura brasileira: Capitu.

Desta vez, lançando-se no balanço vertiginoso da banda de Moebius, a psicanalista de Porto Alegre lembra: "quando uma mãe não 'lê', e sim tenta adivinhar, atribuir em vez de supor, aí pode se produzir o encontro assustador (lembremos a inquietante estranheza, o *Unheimlich* em Freud): ser tomado como pura extensão, onde não se abre espaço para a alteridade".

A incapacidade do leitor, eu adicionaria, está dada na possibilidade terrível de que não paremos para ler, deixando que o escolho passe diante de nossos olhos sem que o notemos. Isto é, o grande erro da leitura seria passar os olhos pela página sem escolher, sem colher caprichosamente o que se deve, sem abrir os olhos para o que lá está, na superfície sobre a qual todos, ainda os que nos imaginamos profundos, caminhamos.

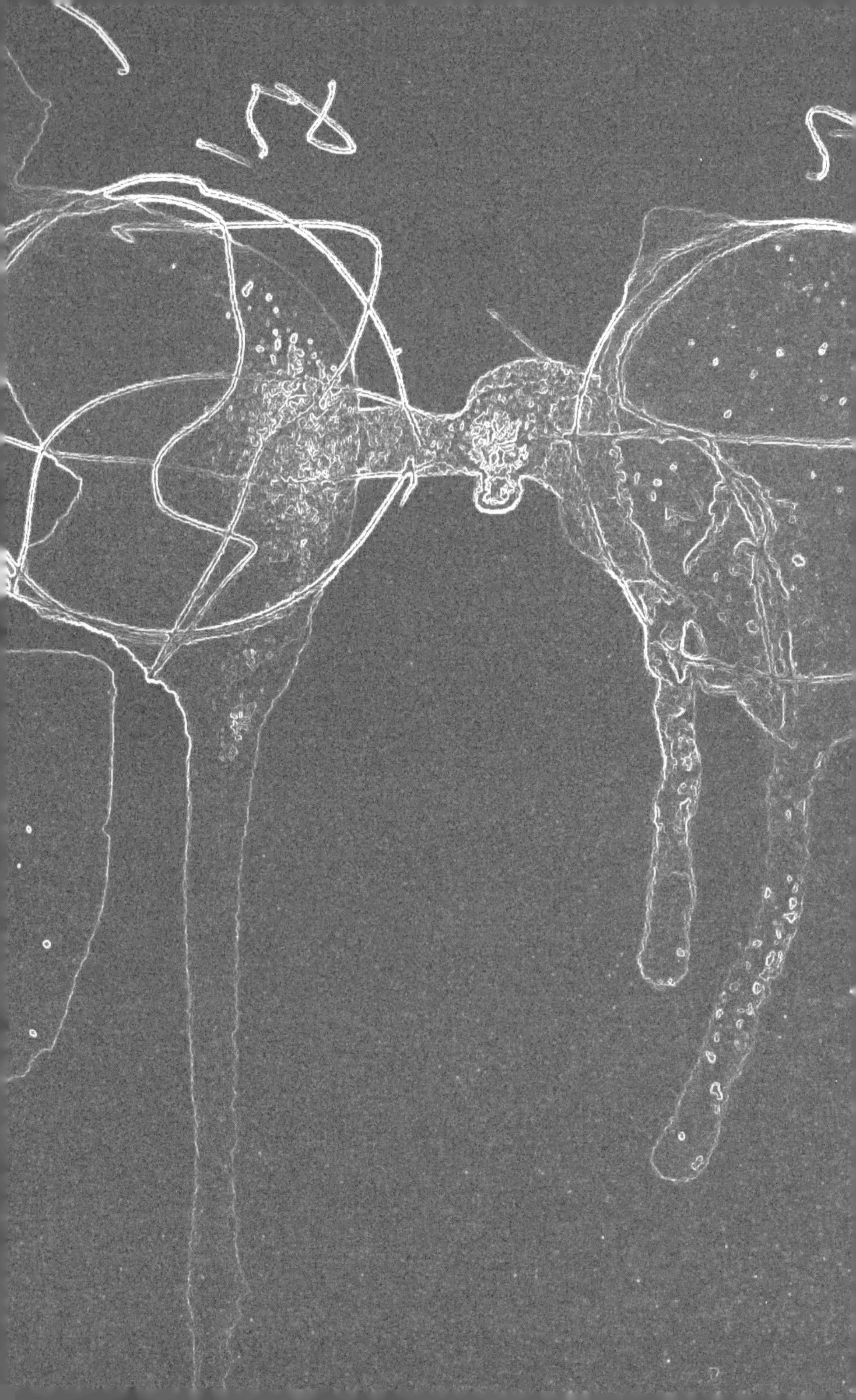

Duas meninas (abandonadas)

Pena vadia, abril de 2015.

Há poucos dias Adriana Lisboa conversava, em Princeton, com estudantes de um curso intermediário de português que haviam lido *Azul Corvo*. Uma das questões tocou um ponto sensível: na busca de um pai real nos Estados Unidos, Vanja, a personagem-narradora do romance, teria abandonado um espaço eminentemente feminino, no Brasil.

Os homens são sempre fracos ou distantes nos livros de Adriana Lisboa? Penso naquela palavra curiosa com que Guimarães Rosa fala de um pai que quer desaparecer, mas teima em voltar: "diluso"... No neologismo de Rosa está entranhada a própria ilusão, que envolve aquele que se enganou e aquele que engana. É mesmo difícil reconhecer que o poder do pai pode ser uma enganação.

Releio a emocionante história de Catarina, no livro de João Biehl, *Vita: Life in a Zone of Social Abandonment*. A ilusão, ou o que é delusório, ganha aqui outras conotações. Catarina é abandonada pela família numa espécie de hospício nos arredores de Porto Alegre, no momento mais vigoroso do movimento antimanicomial no Brasil da redemocratização. Discutia-se então, profusamente, a perda da subjetividade, enquanto se questionava o diagnóstico rápido e fácil da esquizofrenia, o que por sua vez reacendia o eterno debate sobre a psicose. Os psicóticos fogem do poder da realidade? Enclausuram-se num mundo irreal, que já não guarda laços com a realidade? Mas a realidade existiria, então, apenas fora do hospício?

Não foram poucos os que, no auge dos debates da antipsiquiatria, associaram a fuga da realidade à ficção. Catarina vive na sua ficção? Mas isso quer dizer que ela deveria existir apartada de "nós", que vivemos o embate duro da realidade, seus limites, suas zonas de sombra, sua profunda injustiça? Mas Catarina não convive, precisamente, com o limite extremo de tudo isso? Ela não foi uma dupla vítima? Presa, por um lado, dos laços espúrios entre a família e o "sistema"; e vítima, por outro lado, de um momento "democrático" incapaz de reconhecer os limites de uma concepção altissonante do "sujeito"? Com extrema delicadeza, a etnografia recorda que o sujeito não existe fora de uma rede complexa que a noção moderna de "direitos" mal compreende, porque não se abre às "paisagens morais" do indivíduo, às articulações de "desejo, dor e conhecimento" que o mantêm conectado a um passado doloroso, resistente à simbolização. E quem realmente pode falar daquilo que se abandona?

O abandono da realidade é a entrada na zona de sua significação, ali onde as palavras ou as formas querem dizer algo que, por sua natureza mesma, escapa à linguagem crua dos relatórios. As outras linguagens — a literatura, as artes — correm atrás do que restou pelo caminho, daquilo que foi rejeitado e ficou escondido, mas que, paradoxalmente, permanece à vista, ao menos enquanto se pode resistir e recriar as peças do passado, no exercício complexo da memória.

Vanja é uma menina subitamente solitária, obrigada, pela vida (e pela morte), a deixar a mãe para trás, no país que fica. A geografia do abandono seria também a de Adriana Lisboa? A busca do pai, se correta a leitura da estudante que fez a pergunta sobre *Azul Corvo*, talvez seja a constatação da insuficiência de um mundo em que apenas a proximidade materna resguarda o sujeito do perigo. O pai "diluso" seria a outra face de uma história de abandono, afinal estaríamos diante de uma equação que nos diz que só nos tornamos sujeitos quando nos descobrimos distantes da proteção. O curioso é que a literatura de Adriana Lisboa, para muito além de *Azul Corvo*, versa sobre a possibilidade e o desejo teimoso de erguer uma casa provisória em lugares e tempos insuspeitados, como se em cada diminuto espaço pudéssemos reencontrar a proteção perdida, situando-nos diante do outro, e de nós mesmos. Exatamente aquilo que o esquizofrênico — ou como quer que o chamemos, ou classifiquemos, a partir daí — tem dificuldade de encontrar.

Nos anos heroicos da luta antimanicomial, quando o nome de Foucault brilhava por todos os lados, não era incomum supor que o louco pagava injustamente os pecados da coletividade, como bode expiatório de um sistema que queria controlar a tudo e a todos, institucionalizando a mente e vigiando os corpos. Concepção eloquente, embora talvez insuficiente, do espaço político.

São graus diversos de abandono, os de Catarina e Vanja. Mas me emociona que, na personagem real como na fictícia, uma pequena casa se erga na linguagem. Ambas se aninham numa rede de estórias — audível quando se trata da ficção, e muito difícil de escutar, no caso real. A constatação do abandono leva à busca de espaços sutilmente dotados de sentido, pequenos lares (fogos) erguidos no plano acidentado da vida.

Que ironia triste e cruel que o arremedo de hospício, onde o desaparecimento aguarda Catarina — ela sim, real, diante da morte —, se chamasse Vita: como observa João Biehl, a palavra "vida", numa língua morta.

Mas Catarina tinha, como outros pacientes, uma malinha em que levava suas coisas mais íntimas, que não largava jamais.

Para onde vão as estórias que guardamos nessa mala, nos seus objetos e na sua rede de sentidos? Quem as ouve, e quem liga para esse estranho conteúdo?

Talvez o insuportável, tanto quanto as feridas reais do abandono, seja a dúvida sobre o destino dessa estranha mala. Quem a herdará?

Leio, no *Houaiss*, a etimologia de "herança":

    lat. haerentĭa 'coisas vinculadas, pertences', neutro pl. de haerens, entis, part.pres. de haerĕo, es, si, sum, rēre 'estar ligado, fixado, prender, segurar, agarrar, aderir'.

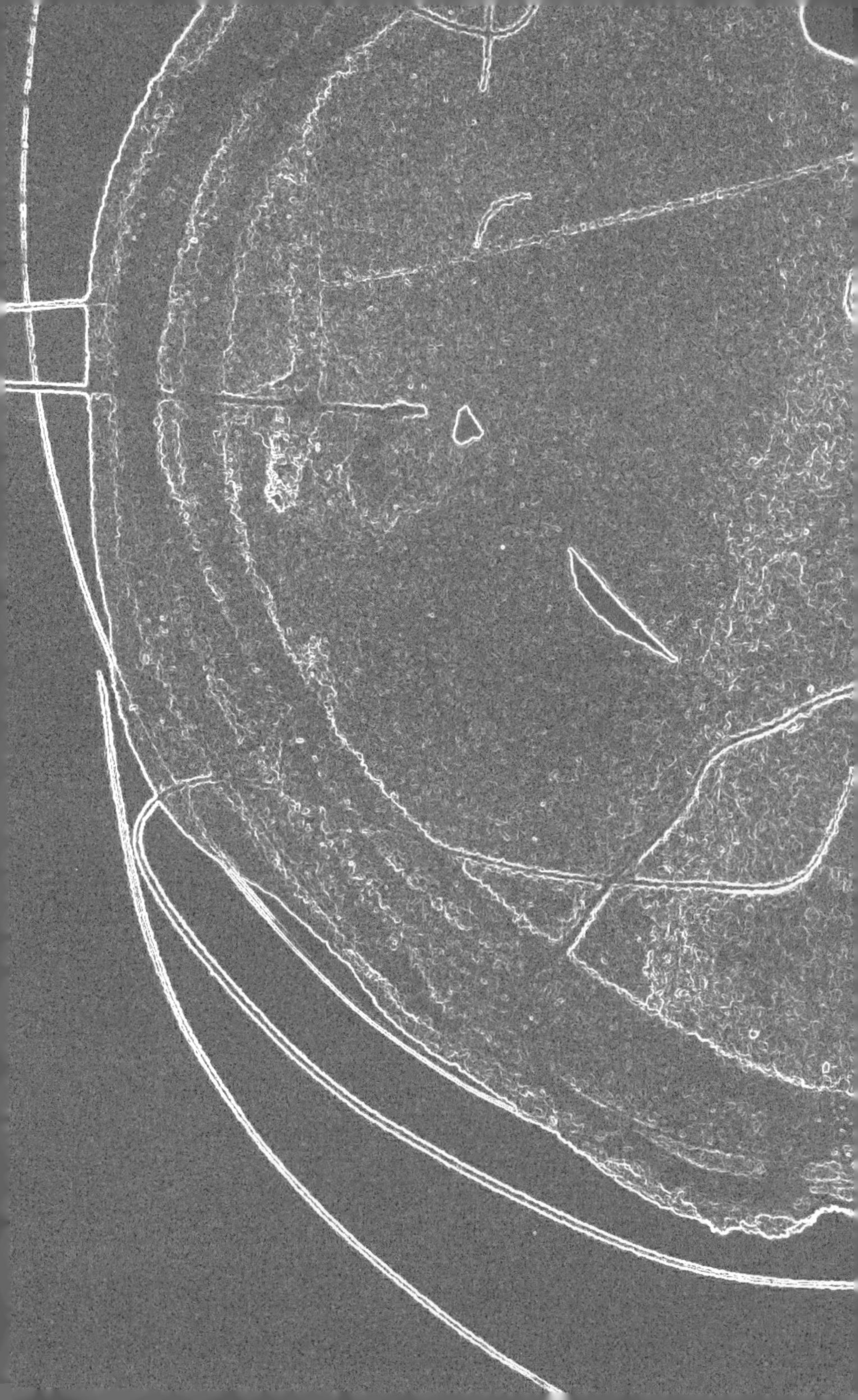

O que é isso, Caetano?
(Revolução, culpa e desejo)

> *Serrote* n.12, novembro de 2012. Ao comentar a polêmica entre Caetano e Schwarz, o texto flerta com o que era, à época, o otimismo em relação à expansão da economia, bem como a um possível aspecto regenerador no surgimento de uma nova classe de consumidores no Brasil.

Passados quase 50 anos do golpe de 1964, uma série de perguntas parece assombrar as consciências de esquerda: há revolução à vista? Agora que a distribuição de renda vem se alterando, e que o "povo" ganha ares de consumidor soberano no Brasil, que fazer das esperanças frustradas pelo golpe? Estaríamos finalmente vivendo o futuro daquele país cujo futuro foi roubado em 1964? Mas o que fazer com um futuro quando ele decepciona? E a quem ele decepciona?

Há poucos meses veio à luz um denso ensaio de Roberto Schwarz ("*Verdade tropical*: um percurso de nosso tempo", em *Martinha* versus *Lucrécia*) cujo alvo são as memórias de Caetano Veloso, publicadas em 1997. A partir dele, talvez seja possível esboçar algumas reações diante daquelas perguntas. Ou então, no embate entre duas visões de mundo tão diversas, talvez possamos ver o desdobramento de uma velha tensão no interior das esquerdas, para as quais as ideias de revolução, transformação, povo e intelectual são ainda centrais.

Em seu ensaio, Schwarz reconhece a qualidade literária de *Verdade tropical*, mas identifica em Caetano uma progressiva perda de engajamento, como se o jovem libertário de Santo Amaro da Purificação tivesse crescido e cedido ao apelo do mercado, da cultura de massas, para finalmente aproximar-se da ditadura, tornando-se incapaz de sustentar uma crítica consequente de seus efeitos nocivos. Provocativo, o texto funciona também como um acerto de contas geracional, como se perguntasse: o que você fazia e dizia enquanto outros sofriam sob a ditadura? O crítico reconhece a fusão de revolução estética e social que está na origem do pensamento de Caetano Veloso, desde o adolescente inquieto, exposto à bossa nova e ao cinema, até o tempo em Salvador, quando a universidade vivia a ebulição dos anos 1960. Tempo também em que os meios de comunicação de massa — o rádio, a televisão, a indústria fonográfica, a publicidade — permitiam imaginar novas relações entre o "povo" e o artista, ou o intelectual. Aí aparecem divergências profundas, que permitem repensar os debates da época no Brasil e no mundo.

Ocorre que a experimentação tropicalista não existiria sem o encontro despudorado do "público de massas", enquanto para grande parte da esquerda o mundo da diversão comandado pelo mercado rima com alienação. Mas sabe-se que justamente no entroncamento entre cultura e mercado os tropicalistas decidiram cultivar seu jardim, promovendo um curto-circuito entre cultura "alta" e "popular". Suspensos os filtros, o tropicalista recebe feliz a massa de referências, que lhe vêm de todas as partes: Coca-cola, Che, Chacrinha, Roberto Carlos, tudo ao mesmo tempo agora.

A aproximação do popular já mobilizara, como bem lembra Schwarz, os modernistas do século passado. Como vanguarda estética, eles queriam aliar-se ao meio popular iletrado e "socialmente marginal", além de mestiço. Na década de 1920, Oswald de Andrade se divertia ao transformar em alegoria o encontro do arcaico e do moderno, abrindo a picada que os tropicalistas depois trilhariam à sua maneira, já em diálogo com a pop art dos anos 1960.[1]

....
1. **Not a Translator's Note**: blazing a path or paving the way? A path--blazer takes a knife and chips away small pieces of bark here and there, leaving an imaginary, mid-air trail of white marks on tree trunks; a way-paver flattens the terrain, creating a road that can be traversed by wheels as well as feet. I imagine a *picada* being opened with machete-

Mas seria possível criar uma arte de qualidade no acanhado "quintal" brasileiro? Curiosamente, o "quintal" é proeminente nos textos de Schwarz, inclusive na mais conhecida porção de sua obra, dedicada a Machado de Assis. Um leitor seu reconhecerá aí a força do espaço periférico, e há de perguntar se o entusiasmo diante de Capitu, a menina pobre que mora ao lado, não dá a senha de todo um projeto crítico, como se o quintal fosse uma espécie de grau zero do inconsciente de Schwarz. Em outros termos, como se na obliquidade do olhar do dependente estivesse o cerne de toda a questão, e Capitu fosse o signo irredutível e irresistível de um saber avantajado da periferia.

Voltemos, no entanto, à questão sobre o que esperar daquilo que se produz nos quintais do mundo. A resposta pode ser contundente: ao deixar de lado a vergonha diante dos lugares mais sofisticados, era possível receber com júbilo criativo o que eles tinham a oferecer. No caso do jovem Caetano, segundo Schwarz,

> a incorporação da coisa estrangeira vinha em benefício do foco nacional, puxado para a atualidade pelas transgressões bem meditadas, que o questionavam e lhe aumentavam o valor problemático. À maneira da antropofagia oswaldiana, que vinha sendo redescoberta por conta própria, a importação das inovações internacionais favorecia o desbloqueio e a ativação histórica das realidades e dos impulsos de um quintal do mundo.

....
-blows; but many more will have to take the same route or the jungle will reclaim it in short order.

No arco que une o modernismo de Oswald ao tropicalismo de Caetano, os elementos internacionais, carburados pelo gosto e pela invenção locais, entravam numa máquina artística de nova ordem, capaz de oferecer ao mundo uma matéria a um só tempo local e universal.

Schwarz se entusiasma com o potencial dessa máquina criativa, mas faz suas ressalvas. Em seus melhores momentos, Oswald teria canibalizado "soluções poéticas do vanguardismo europeu", combinando-as "a realidades sociais da ex-colônia, cuja data e espírito eram de ordem muito diversa", com resultado "incrivelmente original", como se "uma piada euforizante" deixasse "entrever uma saída utópica para o nosso atraso meio delicioso, meio incurável". Assim Schwarz lê o modernismo do poeta brechtianamente breve, Oswald de Andrade.

Já o tropicalismo, 40 anos mais tarde, conjugaria "as formas da moda pop internacional a matérias características de nosso subdesenvolvimento, mas agora com efeito contrário, em que predominava a nota grotesca".

Enquanto nos poemas curtos de Oswald, na década de 1920, o descompasso entre a arte de corte europeu e a realidade da ex-colônia sugeria uma saída utópica, no Caetano pós-1964 a guarda crítica teria baixado, e, como resultado, teríamos a "eternização de nosso absurdo desconjuntamento histórico, que acabava de ser reconfirmado pela ditadura militar". Como se, após o golpe, o músico tivesse feito as pazes com a iniquidade aprofundada pela ditadura, despreocupando-se das dinâmicas excludentes do subdesenvolvimento, desatento ao conjunto social e, no limite, conivente com um sistema político que mandaria ao inferno dos porões seus críticos mais coerentes e radicais. O retrato é cruel e injusto.

Os dois elementos que Schwarz critica com acidez em Caetano — a cegueira diante da exploração capitalista e a consequente adesão ao mercado — funcionam como pecados capitais, como se estivéssemos diante de uma racionalização teológica, mais que sociológica. Em suma, uma relação saudável com o mercado e a desistência diante de certas agendas da esquerda durante a ditadura seriam suficientes para condenar o músico, aproximando-o daquele "horizonte rebaixado e inglório do capital vitorioso", como se lê no final do ensaio de Schwarz. Do seu ponto de vista, o capitalismo é um mal a que Caetano sucumbe. Em vez da "discriminação sóbria dos fatos", ele teria se encaminhado, ao longo da carreira, para a "personificação mítica do país".

Não se trata de discutir se o mercado é vetor da barbárie, se sua "regulação" é suficiente para sustentar a civilização em bases minimamente justas, ou se ele será sempre o espaço de uma dominação incontrolável. Para compreender o confronto entre Schwarz e Caetano, é preciso entender que o crítico espera de alguém que se alinhe à esquerda mais que uma simples fidelidade partidária ou de princípios. Com suas marcas de exclusão, o mercado desfaz os nós de uma utopia costurada na imaginação das esquerdas, e Schwarz se incomoda especialmente com o momento em que Caetano, supostamente cego "ao jogo dos conflitos e das alianças de classe", teria se deixado encantar pelo Brasil em plena ditadura, numa indesculpável "conversão ao mito". Onde o crítico espera um artista alerta, encontra alguém que teria desertado, deixando de lado a promessa de um futuro sonhado desde antes do golpe — numa referência ao esquentamento da agenda de esquerda no início dos anos 1960, em especial no período João Goulart.

Curtição instantânea

Esquematicamente, pode-se dizer que parte importante da esquerda, no Brasil e no mundo, não deu conta dos anseios abertos pelos anos 1960, que tinham pouco em comum com a ideia do futuro como síntese histórica. Ao contrário, tais anseios sugeriam o valor possível da *curtição* (palavra que, salvo engano, se instala no vocabulário a partir daí), como se o próprio *momento* fosse o foco das atenções, o que abria espaço para as políticas do corpo e do sexo, para a experimentação individual e para a expansão da consciência a partir do flerte com o inconsciente, o automático e o delirante: um "novo reino de gozo", nas palavras de Silviano Santiago. O final da década é o tempo de glória de Michel Foucault, do "desconstrucionismo" na França, momento de emergência do discurso ecológico na Europa, de recrudescimento do feminismo, da antipsiquiatria na Itália etc. Tempo que, no Brasil, ficou latente numa série de perguntas não respondidas, muito significativas para as gerações que viveram a ditadura: os cuidados com o corpo, o indivíduo e seus desejos, são veleidades que atrasam a revolução? Entregar-se ao prazer do instante, abrir-se ao fluxo das imagens e dos simulacros sem lhes antepor qualquer filtro, é puro descompromisso, narcisismo irresponsável diante do sofrimento da massa?

Seja qual for a resposta, o próprio mercado trataria de adaptar-se aos "desejos" estampados na agenda dos anos 1960, instituindo novas modalidades de consumo de que os nossos hábitos "saudáveis" e "ecológicos" de hoje são uma consequência tardia. Eis aí um ponto insolúvel, em que a psicanálise vem em auxílio da teoria social: o desejo, que pretende quebrar tudo, é perseguido de perto pelo capital, que lhe morde os calcanhares assim que ele descansa e se cristaliza, tornando-se hábito. Diante de qualquer novo comportamento, o mercado vê um "nicho", ao qual responde com sua contumaz eficácia.

Em termos de "distribuição" do desejo, muitos dos que pegavam a onda da contracultura supunham que o *querer* atravessava as classes sociais, e que a realização dos impulsos individuais não poderia acontecer apenas quando se atingisse um idealizado estado de felicidade social. O querer e estar sempre a fim — para jogar com os versos barrocos de Caetano — instaura uma dinâmica cujo âmago é individualizante, o que aliás colabora tanto para o fortalecimento do ego quanto para o aprofundamento de uma ferida narcísica. Em termos mais leves, ou menos técnicos, poderíamos dizer que, entregue à força do desejo, o *eu* abre para si a possibilidade de quebra de um molde fixo da subjetividade. O mecanismo é bem conhecido: o desejo implica o risco de desconhecer-se e de reencontrar um eu diverso a cada instante. "O quereres e o estares sempre a fim do que em mim é de mim tão desigual": no quiasmo estampa-se a velha batalha entre sujeito e vontade. A verdadeira sede de ser é a sede de ser outro, sempre outro, como se o *eu* não descansasse em si mesmo.

Insista-se que, para aqueles que pegaram de fato a onda da contracultura, a felicidade individual era a felicidade social, e vice-versa, numa espécie de estado de revolução permanente cuja estranha condição (a *revolução sem fim*) terá regressado precisamente agora que o cinema retoma a obra máxima dos beats, *On the Road*. Tanto o filme de Walter Salles quanto a necessária releitura do livro de Kerouac disparam perguntas irrespondíveis numa época como a nossa, que preza os objetivos claros e recusa as formas mais radicais de errância. O que implicaria, afinal, permanecer à margem, quando uma "rede" nos conecta insistentemente ao "social"? Qual o peso e o preço da paixão de permanecer na estrada? E aqueles que permanecem na errância porque a condição marginal lhes foi imposta: que fazer dos velhos deserdados da terra que a ordem global põe impiedosamente em movimento? E até quando?

Se algumas dessas questões explodem nos anos 1960, quando a geração beatnik começa a sacralizar-se e os hippies vão simbolizar o descompromisso com a ordem opressiva do "sistema", pode-se dizer que elas se anunciaram na angústia da década anterior, quando, ainda nos anos 1950, muitos se deram conta da armadilha que o pós-guerra impunha, sobretudo nos prósperos Estados Unidos do início da Guerra Fria: na realização plena do desejo material, que está no cerne do *baby boom*, o mundo em que vive o sujeito ameaça esvaziar-se, não lhe restando senão escapar permanentemente. Contudo, se é impossível estar sempre na estrada, a atualização do desejo de escape se dá pela escrita frenética que rememora e atualiza a viagem (como em *On the Road*) e, ao fazê-lo, forja uma resposta singular à falência que ronda todo e qualquer estado "permanente".

Pode-se então dizer que a aceleração do consumo gera espaços de fruição insuficientes, e o indivíduo passa a buscar, no plano da *experiência*, aquilo que o corredor do supermercado não pode suprir. Tão mais interessante se torna o problema quanto mais a geração dos tropicalistas, já flertando com o espírito pop, vai fazer as pazes inclusive com esse espaço maldito do mercado ampliado.

Nesse emaranhado de questões estará porventura o fundo — praticamente silenciado no ensaio de Schwarz — das diferenças entre os tropicalistas e "a esquerda", com seus inúmeros matizes nos anos 1960. O impulso original dos beats, que se entregaram a uma sorte de vácuo criada pelo espaço sem fim, se atualiza de diversas formas na agenda da década, causando o maior incômodo àqueles que, diante de qualquer vazio, tratam de preenchê-lo com a esperança de uma "outra sociedade". Em outros termos, toda uma erótica ligada ao instante é refugada pela mentalidade revolucionária alerta.

Caminhos cruzados

Tomo um atalho para pensar no que pode nos dizer hoje o embate entre Caetano e Schwarz. Ao fazê-lo, é certo que se extrapolam os termos do debate. Lembro, então, dos quadrinhos geniais, embora não raro homofóbicos, de Henfil. Num deles, no início dos anos 1980, logo após a anistia que trouxera, entre outros, Fernando Gabeira de volta ao Brasil, era precisamente Caetano Veloso quem figurava ao lado do ex-guerrilheiro, ambos de tanga nas areias de Ipanema, efeminados, tocando-se os dedos de

forma afetada, a exclamar, um ao outro: "Gabê!", "Caê!".
A crueldade toma formas interessantes quando seu canal é o humor. Henfil era muito bom nisso.

Mas que faziam então Caetano e Gabeira lado a lado, na imaginação do cartunista? Para além do fantasma da homossexualidade, há um incômodo profundo diante daqueles que teriam resolvido curtir a si mesmos. Mas o que ocorre quando o sujeito faz uma pergunta sobre o próprio destino como algo possivelmente desviante do destino coletivo? A gênese do título das memórias de Gabeira é curiosa; diante do titubeio do guerrilheiro, que vê a vida correndo fora da empresa clandestina e se sente tentado a desembarcar, vem a pergunta alarmada: "O que é isso, companheiro? Não vê que estamos com uma carga pesada?".

A irrupção de desejos súbitos, independentes da missão revolucionária e da certeza sobre os rumos da coletividade, traz à tona um universo de possibilidades que, no caso do tropicalismo, incluía encarar a cultura como laboratório permanente, enquanto o artista se desfazia do peso daquela responsabilidade sobre a transformação coletiva. Mais à frente, a partir dos anos 1990, tanto em suas canções quanto em *Verdade tropical* e em textos depois reunidos em *O mundo não é chato* (2005), Caetano adicionaria àquele laboratório insistentes perguntas sobre o contraste entre matrizes civilizacionais diversas, interrogando a força do Império norte-americano. A propósito, Schwarz assumidamente ignora a produção musical de Caetano, e tampouco compreende ou aceita o espelho dos Estados Unidos que dá profundidade à reflexão sobre o Brasil em *Verdade tropical*.

Para os tropicalistas, no final dos anos 1960, o intelectual não seria aquele que guia, ou que se imagina capaz de canalizar, ler ou interpretar as necessidades e os desígnios da população explorada. Sua função era antes provocar, como um Chacrinha que não parasse de buzinar nos ouvidos de todos, produzindo efeitos que não se reduziriam à politização das massas, ou à sua "conscientização", mas que operariam no próprio nível da indústria cultural. Esse é o seu campo de batalha, terreno que muitas esquerdas aprenderam a olhar com desconfiança, como espaço de "regressão" e de anulação do sujeito pensante. A sombra dos filósofos de Frankfurt com sua crítica à indústria cultural é imensa, e está também no fundo da reação de Schwarz a Caetano.

No centro do embate entre os dois está a relação entre o "intelectual" e o "povo". O pomo da discórdia, como já se discutiu bastante, é a interpretação de um momento antológico do cinema brasileiro. Segundo Schwarz, em *Terra em transe*, de 1967, o poeta e jornalista Paulo Martins, vivido por Jardel Filho, "exasperado pela duplicidade dos líderes populistas, e também pela passividade pré-política da massa popular, que não é capaz de confrontar os dirigentes que a enganam", recai "na truculência oligárquica (verdade que com o propósito brechtiano, de distanciamento e provocação)".

> Tapando com a mão a boca de um líder sindical, que o trata de doutor, ele [Paulo Martins, ainda na observação de Schwarz] se dirige diretamente ao público: "Estão vendo quem é o povo? Um analfabeto, um imbecil, um despolitizado!". Meio sádico, meio autoflagelador, o episódio sublinha entre outras coisas a dubiedade do intelectual que se engaja na causa popular ao mesmo tempo que mantém as avaliações conservadoras — raramente explicitadas como aqui — a respeito do povo.

A desqualificação do povo era parte de um complexo "desabafo histórico", que logo mais levaria, ainda segundo o crítico, "à aventura da luta armada sem apoio social". Espécie de "chacota dolorosa das certezas ideológicas do período", a cena desconcertava as próprias esquerdas, mas sugeria que a revolução não era supérflua, porque "as feições grotescas das camadas dirigentes e da dominação de classe" eram mais assustadoras que nunca. Diante desse beco histórico simbolizado no filme de Glauber, parece haver, para Schwarz, duas possibilidades: o desespero agônico em que cairia boa parte da esquerda, ou a "euforia" equivocada com que Caetano interpretou a cena. Recorde-se a passagem criticada de *Verdade tropical*, de Caetano Veloso (lembrando uma vez mais que se trata de texto publicado em 1997):

> Vivi essa cena — e as cenas de reação indignada que ela suscitou em rodas de bar — como o núcleo de um grande acontecimento cujo nome breve que hoje lhe posso dar não me ocorrera com tanta facilidade então (e por isso eu buscava mil maneiras de dizê-lo para mim mesmo e para os outros): a morte do populismo.

Logo em seguida, Caetano sugere que a fé nas forças populares era descartada

> como arma política ou valor ético em si. Essa hecatombe, eu estava preparado para enfrentá-la. E excitado para examinar-lhe os fenômenos íntimos e antever-lhe as consequências. Nada do que veio a se chamar "tropicalismo" teria tido lugar sem esse momento traumático.

Ali onde Caetano sente a liberação do artista, Schwarz vê uma traição de classe. Da perspectiva do crítico literário, é como se o músico baiano tivesse tomado as palavras de Paulo Martins por seu valor de face, desobrigando-se de qualquer responsabilidade diante do destino da massa explorada. A saudação da "morte do populismo" seria, portanto, para Schwarz,

> o começo de um novo tempo que ele [Caetano] deseja marcar, um tempo em que a dívida histórico-social com os de baixo — talvez o motor principal do pensamento crítico brasileiro desde o abolicionismo — deixou de existir.

Dissociava-se dos recém-derrotados de 1964, que nessa acepção eram todos populistas.

O que segue dá uma ideia cabal do desconforto do crítico diante do tropicalismo, e retoma os termos de um debate que se iniciara já nos anos 1960:

> a mudança era considerável e o opunha a seu próprio campo anterior, a socialistas, nacionalistas e cristãos de esquerda, à tradição progressista da literatura brasileira desde as últimas décadas do século 19, e, também, às pessoas simplesmente esclarecidas, para as quais há muito tempo a ligação interna, para não dizer dialética, entre riqueza e pobreza é um dado da consciência moderna. A desilusão de Paulo Martins transformara-se em desobrigação. Esta a ruptura, salvo engano, que está na origem da nova liberdade trazida pelo tropicalismo. Se o povo, como antípoda do privilégio, não é portador virtual de uma nova ordem, esta desaparece do horizonte, o qual se encurta notavelmente.

Onde Caetano vê um alargamento do horizonte, depois que o artista se aliviou do peso daquela representação do povo ("representação" em sentido político, sobretudo), Schwarz vê um encurtamento, uma traição à linhagem esclarecida dos que sempre perceberam a conexão profunda entre pobreza e riqueza — desde os abolicionistas, pelo menos. Curiosamente, logo após a publicação de *Verdade tropical*, Caetano regressaria à questão da escravidão, nessa verdadeira *mise-en-scène* do tema que é o concerto *Noites do Norte*, de 2001, em parte inspirado por uma passagem das memórias de Joaquim Nabuco. Mas essas são outras polêmicas, talvez.

O mito e a culpa

Os tropicalistas, em suma, seriam os desgarrados que deixaram para trás a nova ordem desejada, a qual, do ponto de vista majoritário da esquerda, se tornava um imperativo ético. Da perspectiva de Schwarz, Caetano passaria a inventar utopias mistificadoras, especialmente depois de seu regresso do exílio, no início dos anos 1970. Talvez aí se insinue a possibilidade de ver, em Caetano Veloso, um "neofreyriano", entusiasta da visão incruenta da história brasileira, campeão da democracia racial, incapaz de perceber que as formulações ideológicas do Brasil ocultam uma matriz social injusta que uma visão politicamente bem orientada deveria confrontar, para somente então instaurar um processo propriamente revolucionário.

Impressiona o peso das palavras "mito" e "mítico" no discurso de Schwarz sobre Caetano, porque o *mito* confina com a *ideologia* como ocultadora de uma real exploração. Nesse sentido, a crítica de Schwarz ressoa a famosa e provocadora observação de Roland Barthes: "Estatisticamente, o mito está à direita".

Mas o que está em questão, nesse alívio embaraçoso? O que traz consigo o gesto teatral de se desvestir da fantasia do herói revolucionário, ou melhor, o que significa recauchutar e ressemantizar essa mesma fantasia? É fato que os tropicalistas sempre responderam à urgência dessas figurações do herói. O tempo do herói marginal de Hélio Oiticica é também o tempo de aliviar-se diante do peso desse corpo entregue à revolução.

Curiosamente, no idioma de Freud há uma única palavra para "dívida" e "culpa" [*Schuld*], e ambas, aliás, significam uma pendência em relação ao outro. No caso, o "outro" de Caetano é a própria massa explorada, da qual ele teria se desligado, sem levar culpa alguma para casa: livre, sem dívida a saldar. Resta lembrar o quanto tal massa — ou o que talvez se chame ainda de "povo" — pode ser também uma idealização dos intelectuais, marxistas ou não. Ou então, podemos fazer uma pergunta que nos traz até o presente, desviando-nos ainda mais dos termos do embate entre Schwarz e Caetano: onde está o "povo", diante do qual se deve tanto?

Não se trata de negar as estruturas perversas de acumulação numa sociedade capitalista, nem o papel das camadas exploradas na construção da economia, ou a íntima conexão entre capitalismo e imperialismo. Mas, no seu contraste com a crítica de Schwarz, a reflexão de Caetano permite questionar o papel do intelectual — artista ou crítico universitário — diante desse "outro" que são as massas. Ao entregar-se de corpo e alma à indústria cultural e a uma mensagem alternativa, passando por cima de sua demonização por grande parte da esquerda, Caetano se aliviava. É o que se lê em *Verdade tropical*:

> Quando o poeta de *Terra em transe* decretou a falência da crença nas energias libertadoras do 'povo', eu, na plateia, vi não o fim das possibilidades, mas o anúncio de novas tarefas para mim.

O desejo quase nunca fala em uníssono com o que os outros proclamam. O "anúncio de novas tarefas" é uma frase leve, quase flutuante diante do peso assombroso daquela responsabilidade coletiva que parte majoritária da esquerda atribuía ao artista. Caetano, em resumo, fala de uma quebra na cadeia de transmissão que mantém a imaginação do intelectual revolucionário funcionando, e que supõe sua necessária conexão com a situação das camadas mais exploradas.

Mas o que fez Caetano? Traiu as classes oprimidas, ou simplesmente desistiu do papel messiânico de vingá-las?

A discussão é histórica, porque se refere à revolução, às fantasias e aos projetos de esquerda, derrotados no pós-1964. Mas é também uma questão atual, seja na definição do "povo", seja na aproximação simpática à indústria cultural. Afinal, em tempo de redes sociais, de flexibilização do direito à propriedade intelectual, de comunicação descentralizada e de emergência de novos poderes globais na mídia, o sampleamento generalizado da cultura torna-se um fato e talvez uma necessidade. E o tal "povo" é o "usuário" desse mundo, especialmente num contexto como o brasileiro, em que a inclusão digital já é uma realidade palpável.

Poderíamos mergulhar numa intrincada discussão teórica sobre as diferenças entre a "indústria cultural", como pensada nos anos 1960, e aquilo a que hoje chamamos "mundo digital". Mas talvez interessem menos as diferenças que as semelhanças, já que a "cultura popular" ganha novas possibilidades diante desse quadro de aceleração da informação sonora e visual. É claro que resta perguntar o que é o "popular" nesse contexto, e quem é o "povo" nessa história. Vale a pena regressar à sentença lapidar do teórico espanhol-colombiano Jesús Martín-Barbero, no final da década de 1980, quando supunha que "o popular nos interpela a partir do massivo". Isto é, se queremos perguntar pelo popular, há que olhar para a cultura de massas.

Mas onde anda esse povo? A pergunta é tão mais complexa quanto mais o país vive a euforia e a fantasia de um arranque econômico mais inclusivo, quando o quadro das classes sociais parece querer alterar-se, transformando os desafios da infraestrutura e da educação num enigma que devolve a velha pergunta sobre o futuro: para onde vais, com isso que trazes? De toda forma, lembro de minha emoção quando, há alguns anos, eu caminhava pelo saguão lotado do Aeroporto Santos Dumont e fui abordado por uma senhora humilde, que me pedia que a ajudasse a encontrar o portão de embarque. Ela me mostrava seu bilhete, e levei alguns segundos para compreender que não estava apenas confusa diante dos painéis luminosos. Ela era analfabeta, e ia visitar a família no Nordeste.

Seria o mito a surgir, resplandecente, diante de meus olhos incrédulos? Lembro que o país passara recentemente por uma de suas "crises aéreas", quando não poucas pessoas se sentiram incomodadas porque os aeroportos se pareciam com as rodoviárias, como se cordões de isolamento higiênico tivessem sido rompidos. Exagerando: como se uma gigantesca Sala São Paulo tivesse sido finalmente invadida pela cracolândia.

Em sua virtualidade, o embate entre Caetano e Schwarz sugere muito. Continua claro que, se a mudança existe em algum canto, a iniquidade persiste em outro. Basta olhar com cuidado. Mas há um ajustamento da realidade que exige um ajuste das lentes com que a encaramos. Talvez faltem profundidade sociológica e compromisso revolucionário a tais ideias. Não importa: a revolução pode ter se deslocado, sem que nos tenhamos dado conta. De um jeito ou de outro, os tropicalistas estavam, e ainda estão, preparados de forma diferente para olhar para essa nova revolução cotidiana. Que o digam as polêmicas em torno do Ministério da Cultura, que opuseram a noção fluida do espaço cultural, em Gilberto Gil e Juca Ferreira, à ideia de uma cultura nacional dotada de "raízes", em Ana de Hollanda — e a despeito de que a posição do próprio Caetano seja algo ambivalente, ao menos nesse *front*.

Extrapolando ainda mais o embate, resta lembrar que o "povo" escuta (e baixa) o que os ouvidos educados das classes intelectualizadas muitas vezes reconhecem como lixo. Nunca aliás a sentença profética de Caetano Veloso — que falava "das entranhas imundas (e, no entanto, saneadoras) da internacionalizante indústria do entretenimento" — foi tão atual. Mas não se trata de simples idealização. Gostemos ou não, as pessoas trafegam por aí. E talvez seja melhor acompanhá-las, em vez de esperar que elas realizem nossas mais caras fantasias de mudança; é raro que elas sejam das boas, aliás.

Quando ao "outro" cabe simplesmente responder ao meu desejo, o limite político que se estabelece é o da morte, o da completa anulação daquele sujeito cujo corpo deve ser preenchido com todos os objetos da minha fantasia.

A imagem é evidentemente sádica, e talvez sirva como convite para a releitura dos textos de Caetano e Schwarz. Afinal, parece claro estarmos diante do grande debate de nosso tempo: ao insistir na responsabilidade diante desse outro que trafega por aí, as perguntas lancinantes de Schwarz são todavia urgentes, embora nos reste inquirir, com sobriedade e largueza, se a saída dos tropicalistas, nem pela esquerda nem pela direita, é a mais interessante.

Já que em polêmicas dessa envergadura se deve evitar o fla-flu, convém parar por aqui, logo antes da resposta. Com a suspeita, aliás, de que os momentos mais interessantes da crítica e da produção cultural *lato sensu* estejam justamente ali onde nenhuma resposta se forjou, no plano portanto em que a *angústia* é ainda a geratriz da reflexão. Mas conviria então aprender a conviver com o mundo informe do que vem antes da resposta, e antes da síntese.

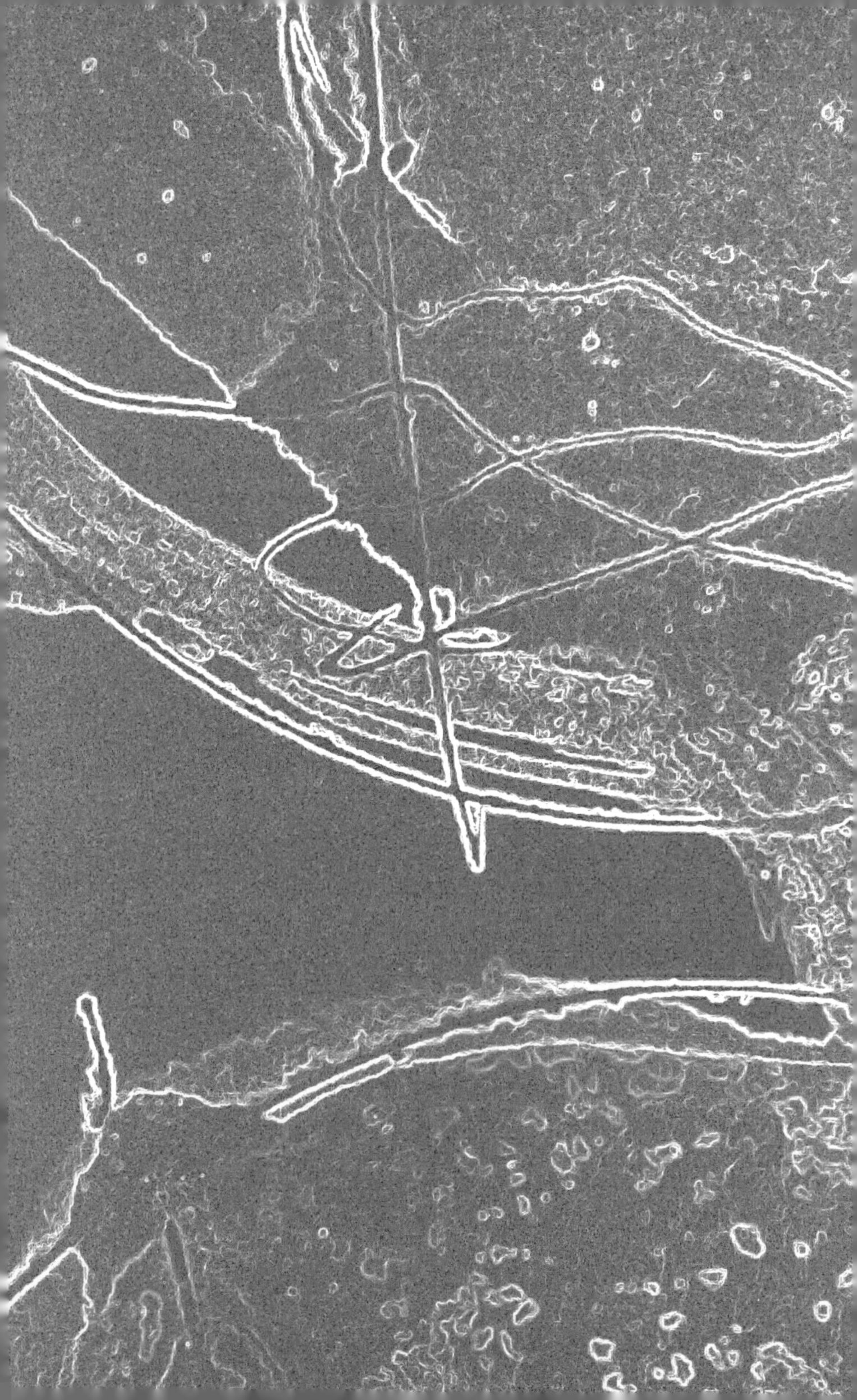

Falo da PUC:
dos padres e de Zé Celso

Pena vadia, novembro de 2012. A propósito de uma polêmica sobre a consulta para a designação do próximo reitor da PUC-SP, e o ato de José Celso Martinez Corrêa no Pátio da Cruz.

Às vezes convém meter o bedelho onde não se foi chamado. Mas convém entrar pela lateral, de leve.

A atual crise na PUC-SP revela um traço interessante de uma tensão moderna, que põe em litígio o poder temporal da Igreja. Recapitulando: uma "lista tríplice" com os mais votados candidatos a reitor é enviada ao "grão-chanceler" (o arcebispo de São Paulo, Dom Odilo Scherer), que por sua vez decide escolher o terceiro nome, indo contra o desejo da maioria da comunidade universitária. Não discuto a propriedade dos processos seletivos para os altos cargos universitários. Apenas me chamou a atenção um falo que se ergueu insuspeitamente no meio do debate e que, salvo engano, diz muito sobre o que está em jogo.

A *Folha de S.Paulo* traz, no Tendências & Debates de hoje [28/11/12], um artigo assinado por três conhecidos professores de Filosofia da PUC-SP e, do outro lado, o artigo de um teólogo jovem (cronologicamente jovem), Edson Luiz Sampel, que defende, armado até os dentes, a posição "confessional, católica e pontifícia" da universidade, arrostando "opositores vorazes" (ah, o frisson dos conservadores, as asas que suas palavras ganham quando eles sentem o vento gelado da novidade entrando pelas narinas!).

A "voracidade" em questão é identificada em todos aqueles que defendem, "debaixo do inconsistente vexilo da independência acadêmica", um "relativismo cristão ou cristianismo light [sic]", ou então "outras ideologias".

A utilização de uma palavra antiga e desusada (vexilo!)¹ faz pensar que estamos diante de uma guerra: o exército de Brancaleone dos modernos perfila sob o estandarte do relativismo, ameaçando o catolicismo fundamental (ou mais propriamente fundamentalista) dos que defendem "os valores autenticamente católicos".

E lá vamos nós: "autenticamente católicos" para quem, cara pálida?

Uma olhadinha no bom (e temperado) texto dos três filósofos, que é o reverso da tendência representada pelo jovem teólogo, permite lembrar que há uma história do que sejam os valores "autenticamente católicos". Convém lembrar que a efervescência política teve, na mesma PUC, um espaço importante sob a ditadura, quando o cardeal-arcebispo de São Paulo era D. Paulo Evaristo Arns, não D. Odilo Scherer. A lembrança leva a pensar no que significou, na história recente do catolicismo, o arrefecimento da Teologia da Libertação, a par de uma impressionante guinada à direita que já estava na escolha de Karol Woytila para papa no final dos anos setenta, até essa pá de cal em qualquer espírito autenticamente ecumênico que foi a escolha de Ratzinger, o atual Benedito XVI².

O jovem vociferante do artigo da *Folha* lembra a encíclica "Populorum Progressio", para lembrar que a Igreja é perita em humanidade. Não custa recordar que a encíclica, do tempo de Paulo VI, é caudatária das ondas do concílio Vaticano II, que se iniciara sob João XXIII ainda nos anos 1960, num momento em que a Igreja se abria para a força de um discurso popular à esquerda. Exatamente o oposto do que representa hoje o espírito autoritário de muitos dos que falam em nome dos valores "autenticamente católicos".

Mas eu queria mesmo é falar de um falo, que há de me levar a um sublime destruidor de falos. Explico-me. O

....
1. **Not a Translator's Note**: uglier still, and equally incomprehensible, in English: vexillum, just a sneeze away from vexation.
2. Naturalmente, o texto é anterior à "aposentadoria" de Ratzinger e à eleição de Bergoglio, o atual papa Francisco.

jovem articulista, nos seus arrebiques retóricos, defende o direito de Dom Odilo de definir o novo reitor: "O grão--chanceler, autoridade máxima da universidade, nomeia um deles. Fá-lo com cabal discricionariedade, tendo em vista o bem maior da instituição".

Ah, o poder do inconsciente... O que é esse "fá-lo" que surgiu de repente, atando os cordões do zelo canônico do articulista? Imagino que ele, o articulista, jamais aceitaria a ideia de que o falo lhe subiu do inconsciente e grudou na locução que conecta o verbo ao objeto da ação: "fá-lo". Mas deixemos isso pra lá, até mesmo porque conservadores em geral não gostam do inconsciente.

Na mesma *Folha*, descubro que Zé Celso Martinez invadiu ontem o Pátio da Cruz com um gigantesco boneco, espécie de "*piñata*" a ser destroçada pelas mãos ávidas do povo, que quer devorar o Padre. O agitador diz que "o papa é um ditador" e que "a Igreja castra", enquanto "o catolicismo é antropófago".

Aqui é preciso um pouco de erudição para entender a dignidade profunda do gesto de Zé Celso. É preciso lembrar de Nietzsche, para quem o verdadeiro respeito não estava no salamaleque reverente diante do poder, mas no ato livre que corre sobre o risco da irreverência.

A equação é complexa: a Igreja castra, embora o falo surja na fala daquele que defende o ato discricionário do Padre. Mas tudo se explica, quando se pensa que a louvada discricionariedade (isto é, a escolha autorizada daquele que é capaz de distinguir bem) é um ato de poder, e que este mesmo falo (o "fá-lo" autoritativo do Padre) de repente se confronta com a emergência de um outro falo, erguido irreverentemente, como possibilidade de devoração do Pai — e do pau, e do mais importante pau que é a cruz chantada no pátio da pátria.

Há falos e falos. Há fazeres e fazeres, quereres e quereres. Mas há também um falo simbólico na fala desconexa dos que dançam, um "fá-lo" cujo objeto é cambiante e inseguro e, por isto mesmo, mais livre e mais cheio de possibilidades. O outro falo (um "fá-lo" que talvez lembre uma das mais tristes figuras da história política brasileira, capaz de dizer que "fi-lo porque...") — o outro falo provém da autoridade do Pai castrador, que quer "congruência" ali onde pode reinar, ainda, o poder fertilizante do caos.

É bem verdade que, depois da festa, há que varrer o pátio e despertar a comunidade. Mas, por via das dúvidas, eu prefiro a comunidade que dançou e gritou àquela que temeu cair no samba.

Como dizia um místico, humilde poeta, maior da nossa tribo: "Por que eu extático desfira/ Em seu louvor versos obscenos".

Evoé, Zé Celso!

O domínio da música
(Richard Strauss)

> *Revista OSESP*, agosto/setembro de 2014, e Notas de Programa, a propósito da inclusão do *Don Juan*, de Richard Strauss, no repertório da orquestra.

Quando, sob a batuta de Bismarck, arquitetava-se a unificação do que hoje chamamos de Alemanha, "ferro e sangue" foi a metáfora usada para invocar o espírito germânico. Após a guerra franco-prussiana, em 1871, as artes deveriam irmanar-se à política. Em bom espírito romântico, tratava-se de banhar o passado e o futuro nas luzes regeneradoras do mito, levando a crer no caminho inelutável de um povo. Se por um lado seria equivocado reduzir a criação artística desse período à política, por outro lado é difícil compreender a força e o caráter sublime da música alemã desse momento sem o pano de fundo em que se gestavam expansivos sonhos de domínio e controle.

A música de Richard Strauss (1864-1949) conduz a diversos estados de espírito. Escutá-la exige entregar-se a movimentos impetuosos que buscam tomar a alma a qualquer preço. Trata-se de uma rendição fáustica, como se, ao ouvir, firmássemos contrato com um demônio a um só tempo sublime e terrível. O poder depende inteiro desse pacto que, dando-lhe força extraordinária, faz o homem imaginar-se além de si mesmo, próximo da eternidade.

A Alemanha que conquistava sua unidade viveu sob o signo de Wagner. Logo após o nascimento de Strauss, sua Munique natal veria, em 1865, a estreia de *Tristão e Isolda*, sob a regência de Hans von Bülow, indicado pelo próprio Wagner, que então caíra nas graças de Ludovico II, rei da Baviera. Fonte de ódio e veneração, Wagner era incontornável. Primeiro trompista do Teatro da Corte de Munique, o pai de Richard Strauss detestava o autor do *Tannhäuser*. Em 1885, quando o filho se livrara momentaneamente do acanhado ambiente bávaro, Franz Strauss lhe escreveria rogando que seguisse os conselhos dados pelo já consagrado Brahms: evitar floreios temáticos desnecessários, almejar uma polifonia límpida, e, para tanto, estudar a simplicidade das *Danças* de Schubert. Fica claro que o caminho desejado pelo pai deveria afastar Richard da tentação wagneriana.

Entretanto, conduzido por seu amigo Alexander Ritter e munido de leituras de Schopenhauer e Nietzsche, Richard Strauss se aproximaria de Wagner, para desalento do pai, entregando-se ao ideal da música como reprodução da "vontade", para então lançar-se à composição de seus poemas sinfônicos. Em 1888, concebeu a obra que o projetaria definitivamente: *Don Juan*, Op. 20, que ele próprio regeria na estreia em Weimar, no ano seguinte.

Ainda em 1888, Strauss escreve a Von Bülow sobre os poemas sinfônicos: "Se se quer dar ao público uma impressão vívida, então o autor também deve ter tido uma forte impressão, no seu espírito, do que ele quis dizer. Isso só é possível quando há fertilização por uma ideia poética". O caráter expressivo da música tomava de assalto a filosofia e a literatura, em especial na Alemanha e na França, onde o "deus Richard Wagner", como o chamou Mallarmé num poema de 1886, era fonte de admiração e incômodo.

Mas Strauss não buscava a potência descritiva da música. Em carta ao escritor francês Romain Rolland, pouco mais tarde, escreveria que "o programa poético não é mais que a causa inicial que empresta vida às formas, nas quais então dou expressão e desenvolvimento puramente musical aos meus sentimentos". A afirmação não nos exime, contudo, da tarefa de imaginar como Strauss entendeu e expressou o drama de Don Juan.

A primeira vez em que a lenda do libertino conquistador ganhou as páginas foi com "El Burlador de Sevilla y Convidado de Piedra", publicado em 1630 e atribuído a Tirso de Molina. A partir daí, Don Juan teria uma carreira fulgurante nas mãos de Molière, Hoffmann, Mozart,

Byron, Pushkin, Liszt e Baudelaire, entre muitos outros. A inspiração de Strauss vem de um poema inacabado de Nikolaus Lenau, cujos versos apareceriam nas primeiras versões da partitura de *Don Juan*. São três passagens em que o herói se pronuncia. Nas duas primeiras, ele rejeita os conselhos do irmão, que a mando do pai pedia que voltasse a casa e abandonasse a lassidão em que vivia. Mas o devasso insiste em se ater ao círculo mágico (*der Zauberkreis*) das mulheres charmosas, permanecendo sob uma tempestade de prazer (*im Sturme dês Genusses*) e querendo morrer dos beijos da última delas. De mulher em mulher, a paixão é sua única paixão: não há tempo para ver nada perecer, nem é seu intuito construir um templo sobre ruínas (*Nicht aus Ruinen will ich Tempel bauen*). Mas, como em outras versões da lenda, a morte o aguarda na figura de um inimigo, por quem ele paradoxalmente anseia. Desfalecido o desejo, o herói se descobre falto de forças, próximo da escuridão final.

Don Juan quebra as leis da fidelidade e expõe o desejo que a sociedade comportada trancava no quarto dos pais — ou no prostíbulo, talvez nos lembrasse Michel Foucault. Se por um lado o mundo de Strauss é distante do nosso, por outro lado, no ímpeto de controlar e dominar o próprio corpo, ensaiava-se uma forma de política, mas também de conhecimento. A pátria de Freud não era tão longe, nem tardaria a estabelecer-se uma nova compreensão do humano e o entendimento da cultura como uma complexa rede de mecanismos repressores. Nesse quadro, domínio e controle não eram matéria exclusiva dos estadistas, interessando também à arte e especialmente à música.

Entregando-se ao prazer, Don Juan pensa subtrair-se à morte. Sua aventura ininterrupta é a ilusão daquela eternidade que o mundo laicizado roubara aos homens. E como entender as passagens mais vigorosas, na peça de Strauss, sem pensar no rapto do corpo, no prazer físico que leva às alturas e conduz ao êxtase? Ao menos nisso, o romantismo é herdeiro do barroco: piedosa ou impiedosamente entregue, o corpo descobre o divino gozo, e a sacralidade é o rito sempre renovado do ser que se aproxima da morte. Místico ou mundano, o amor vale pelo arrebatamento, quando o sujeito desiste de si mesmo, esgotando-se, como Don Juan se entrega ao inimigo, ao deixar cair a espada, impotente diante da morte. Desvela-se então o corpo exangue, tão gélido quanto aquela escura lareira extinta que arremata os versos de Lenau utilizados por Strauss (*Und kalt und dunkel war es auf dem Herd*) e que se pode "sentir" ao final do poema sinfônico, no rufar pianíssimo dos bombos, seguido de um lindo acorde menor.

Mas logo antes dessa passagem "fria", que conduz a alma ao Nada, e imediatamente após a pausa que encerra o mais incrível acúmulo de *crescendos*, ouve-se uma trompa[1] desferir um golpe no meio de um tímido acorde de lá menor. Há quem tenha ouvido, na nota dissonante, a rajada de ar da espada que se desloca, fatal, em direção ao corpo de Don Juan. Desarmado e vencido, ele fenece, como a música.

Mas antes da morte cabe ao ouvinte detectar e sentir a alegria fátua de Don Juan, seus truques risonhos, os lances heroicos ou ridículos, a festa, o orgulho, a futilidade, a leveza, o engano, a beleza, o flerte e o clímax tantas vezes experimentado, expressos desde a fenomenal abertura até os temas que, exigindo máximo virtuosismo da orquestra, projetaram Strauss no cenário musical de seu tempo e do nosso. De fato, *Don Juan*, Op. 20 só é menos popular que outro de seus poemas sinfônicos, *Assim Falou Zaratustra*, Op. 30, composto pouco depois, e lançado às estrelas pelo cinema de Kubrick.

A despeito da qualidade variável de sua produção, e passados quase cinquenta anos do sucesso de *Don Juan*, Op. 20, Strauss todavia se atinha ao ideal de uma música que conduzisse a humanidade para além de si mesma. Em

....
1. **Not a Translator's Note**: Trompa, trump, a trumpet-blast. "Behold, I shew you a mystery; We shall not all sleep, but we shall all be changed, in a moment, in the twinkling of an eye, at the last trump."

1942, quando o antissemitismo de sua juventude cedera, convertendo-se numa complicada relação com o nazismo (Strauss tinha nora e netos judeus, e perdera o cargo de diretor da Câmara de Música do Reich em 1935 por causa de uma carta enviada a Stefan Zweig e interceptada pela Gestapo, ao mesmo tempo em que assinara documento acusando Thomas Mann de manchar a cultura alemã), podemos vê-lo, já velho e cansado, a relembrar suas óperas, inclusive *Salomé* e *Elektra*, ambas singulares, a última composta a partir de libreto de Hofmannsthal. Ele então escrevia: "Nelas penetrei os mais extremos confins da harmonia, da polifonia psicológica e da receptividade dos ouvidos modernos". Não é uma constatação modesta, talvez porque imodesta seja a própria concepção das artes de que Strauss é herdeiro.

Poucos anos depois, ele ainda buscaria na música o esteio de uma cultura ameaçada, que ligava a Alemanha à Grécia antiga, num novo círculo mágico: "Após a criação da música alemã por Johann Sebastian Bach, após a revelação da alma humana (buscada por todos os filósofos desde Platão) na melodia de Mozart — que eu compararia ao Eros platônico pairando entre céu e terra — e após os magníficos palácios das sinfonias de Beethoven, Richard Wagner, o poeta-dramaturgo e músico-filósofo, concluiu o desenvolvimento cultural de três mil anos ao criar a linguagem da orquestra moderna, completando o mito cristão e germânico em perfeitas criações dramático-musicais".

Strauss escreveu essas linhas no verão de 1945, numa Alemanha completamente arrasada. Para ele, a despeito dos escombros deixados pelo desejo de domínio, haveria ainda algo além da morte, como se um herói trágico resistisse a deixar o palco, para seguir sonhando, em júbilo eterno, com o poder de sua cultura.

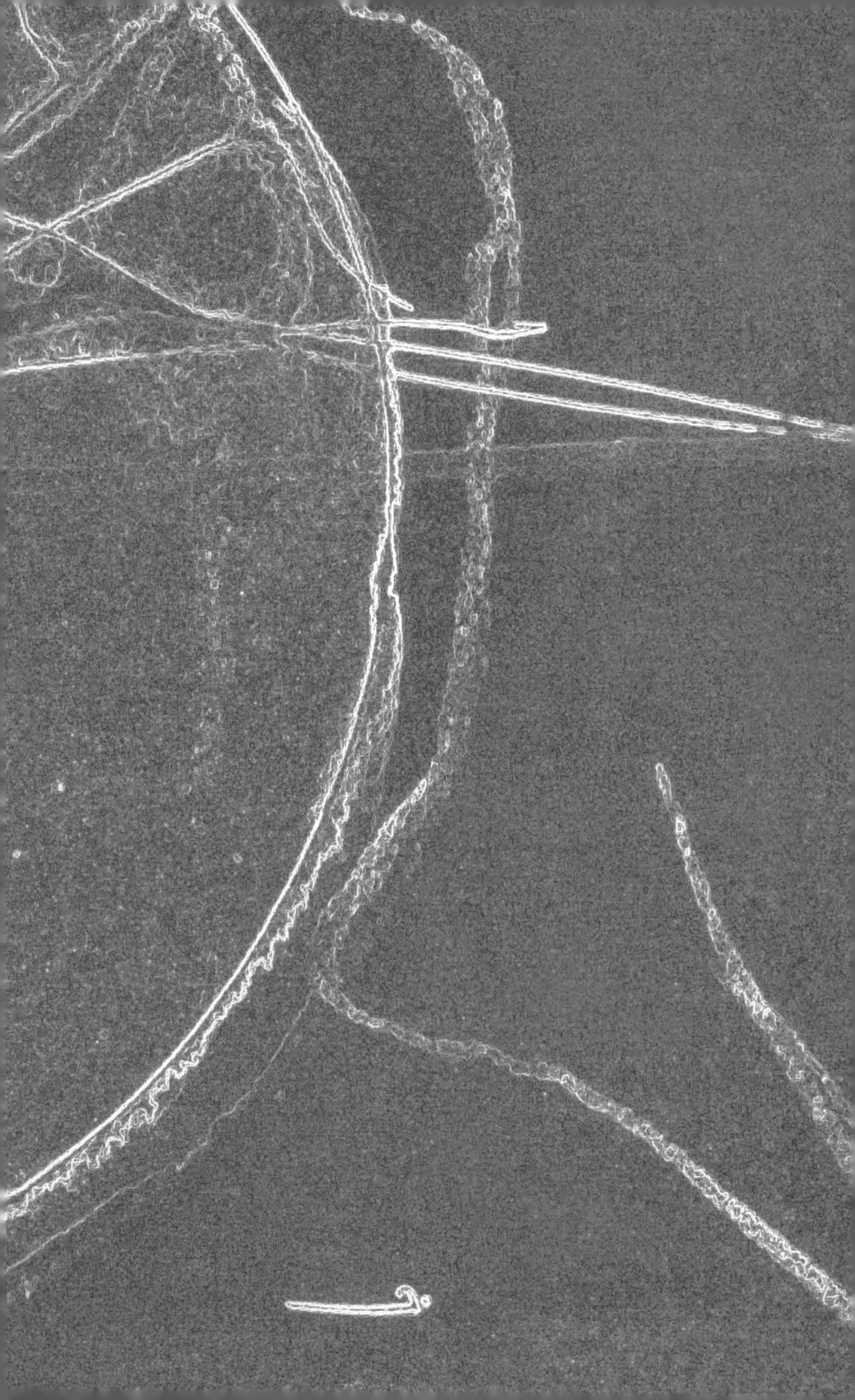

Karajan e a espada

Pena vadia, maio de 2014.

Há dias escuto quase ininterruptamente *Don Juan*, Op. 20, poema sinfônico que catapultou Richard Strauss ao estrelato, em 1889. Em seus pouco mais de vinte anos de idade, embebido — como tantos outros nessa Alemanha que nascia — de Schopenhauer e de Nietzsche, e sob a estrela forte de Wagner, o compositor recusava então o caráter "descritivo" da música, apostando fundo na "expressão das emoções".

Contudo, há passagens e mais passagens que remetem às muitas e deliciosas estripulias que levam o herói libertino à morte. A propósito, alguns comentadores supõem que o golpe letal que nele desfere D. Pedro (Strauss segue o poema inacabado de Nikolaus Lenau) pode ser sentido no toque levemente discordante de uma trompa, logo depois de um maravilhoso e plácido acorde em lá menor.

Tenho visto no YouTube uma das antológicas apresentações de Karajan, com a Filarmônica de Berlim, em Osaka, em 1984. (Infelizmente ela não está mais disponível, por conta de direitos autorais.) É impressionante: o velho maestro mal se move em sua casaca, mas domina, absoluto, os músicos. Os planos são belíssimos, especialmente quando a tomada lateral faz pensar na orquestra como um mar que Karajan, ao invés de singrar, controla, como se ondas se formassem com o subir e o descer dos arcos.

O curioso é que Karajan adoça o seu mar, e o suposto golpe mortal em *Don Juan* mal se ouve, ou melhor, não há nada de "discordante" no toque da trompa, logo após o acorde em lá menor. A passagem vem depois de uma pausa, logo ao final.

Já nesta interessantíssima filmagem de um ensaio, seguido de um concerto da Filarmônica de Viena, descobre-se que Karl Bohm "leu" diferentemente o *Don Juan* de Strauss. Aqui sim, ouve-se a trompa, discordante. No ensaio, aos 43'58" e aos 44'25"; depois, no concerto, à altura de 1h 03'13" (https://youtu.be/SKqPrtLLHLQ). Vale ouvir a leitura de Bohm.

Baile com a morte (Strauss)

Revista OSESP, junho/julho de 2015, e Notas de Programa da orquestra, a propósito de *Salomé*, de Strauss.

Salomé, de Richard Strauss, causou espécie quando estreou, em 1905, em Dresden. Conta-se que, no ano seguinte, Schoenberg levou seus alunos a assistir à estreia da ópera em solo austríaco. Na plateia, encontravam-se o novo e o consagrado, de Mahler a Puccini. Pouco depois, um estudante veria, aberta ao piano, na casa de Schoenberg, a partitura de *Salomé*. "Talvez daqui a vinte anos", teria dito o futuro compositor do *Pierrot Lunaire*, "alguém será capaz de explicar teoricamente estas progressões harmônicas".

O pasmo de Schoenberg se explicaria já pela primeira frase melódica de *Salomé*, quando as notas ascendentes do clarinete deslizam, levando de uma tonalidade a outra, deixando pelo caminho, aos pedaços, a harmonia que se desfazia diante dos olhos e ouvidos de todos. Aproximava-se então o momento em que, articulando-se de forma inaudita, os sons apontavam tanto para a perfeita concórdia, quanto para seu fim.

Mas não era ainda o serialismo ou o atonalismo que despontavam, em sua plena potência. Contudo, a história da música ocidental parecia girar sobre seus gonzos. O terreno a trilhar, dali por diante, não admitiria mais um centro único, que polarizasse e atraísse os sons. A "colisão harmônica" que Strauss buscava desde a juventude, e cuja semente ele encontrara em Wagner, resgatava o poder do trítono, aquela "dissonância incontornável" que repousa no coração da escala diatônica.

A possibilidade de dissolver a harmonia era um problema físico e metafísico, e o intervalo de três tons lembrava o barulho terrível que, ao fim, aguarda a marcha inelutável do progresso. Era o diabo, a tentação em sua versão moderna e fáustica: "harmonia musical temperada pela dissonância tritônica, risco no disco da vitrola de Platão em progresso", nas palavras de José Miguel Wisnik. Em seu manual sobre a harmonia, publicado alguns anos após a estreia da *Salomé* de Strauss, o ainda jovem Schoenberg, atemorizado talvez pela iminência da dissolução harmônica, esclarece: não existem "sons estranhos à harmonia, mas somente estranhos ao sistema harmônico".

Daí, porventura, o desejo ambíguo de dissolução e harmonia que a escuta é capaz de presentificar: as possibilidades da dissonância, que a música de Strauss expandia, anunciavam um mundo em que a desintegração parecia cada vez mais próxima, sinalizando que o século XX começara, no seu baile insistente com a morte.

No entanto, a dança com a morte era tema antigo. Nos evangelhos, Salomé, ainda não nomeada, é a filha de Herodíades e enteada de Herodes, o tetrarca da Galileia. Nos confins do Império Romano, em meio à luta dos hebreus pela definição da regra nupcial, João Batista declarara ilícita a relação conjugal de Herodes, que por isso o mantinha cativo numa cisterna — em torno da qual se desenrolará a trama de *Salomé*, de Strauss.

Herodes temia e admirava João Batista, e gostava de ouvi-lo na prisão. Durante um banquete, inebriado, ele pede à enteada que dance, e lhe promete em troca o que ela quiser. Salomé dança e exige a cabeça do profeta, numa bandeja. Horrorizado, o tetrarca cede, e a cabeça de João Batista é servida à moça (Mc 6:14-32).

Salomé ganharia inúmeras figurações nas artes, passando pelos gostos e códigos de tempos diversos. Mas é a peça homônima de Oscar Wilde, de 1893, na tradução do francês ao alemão, que Strauss decidiu transformar em ópera. Nela, em vigorosa reconstrução orientalista, Salomé se deixa seduzir pelo corpo entre repulsivo e belo de João Batista, que a vê como signo da perdição, filha maldita de Babilônia e Sodoma a rejeitar a luz do Cristo, que então pregava na Galileia. Lasciva, a jovem desafia o profeta, prometendo beijar-lhe a boca, o que de fato fará ao final, consumida pela "fome" e "sede" do corpo, numa cena de necrofilia que arrepiaria a Inglaterra vitoriana.

Antes ainda de ser preso por atentado ao pudor e sodomia, Wilde, em sua peça, busca o sensualismo do *Cântico dos Cânticos*, embora o ósculo da princesa da Judeia fosse depositar-se nos lábios de uma cabeça inerte, no instante sublime e terrível em que o gosto acre do sangue se confunde ao amor.

Para além de todos lugares comuns daquele fim de século, a Salomé de Wilde, inspirada nos quadros de Gustave Moreau e no conto "Herodíades", de Flaubert, expõe, na figura da mulher fatal, a proximidade entre o desejo e a morte — algo em que nos acostumamos a pensar sobretudo através da literatura, mas que a música pode também, especialmente no caso da ópera, expressar.

Na famosa "dança dos sete véus", em que Salomé se descobre até à nudez diante do embevecido Herodes, encontra-se um verdadeiro *pot-pourri* dos motivos da ópera. Há quem veja neste momento apenas o seu lado *kitsch*, sem dar-se conta de que se trata de uma espécie de pré-história da sonoplastia e dos efeitos que mais tarde o cinema levaria às massas.

De uma forma ou outra, no final da ópera a dissonância regressa, incontornável, ressoando até nós: quando Salomé diz, exaurida, que beijou a boca defunta de João Batista, os violinos soam como um suspiro fantasmático, e a rememoração do beijo letal se dá pelo retorno dos mesmos motivos melódicos que ouvimos antes, mas que agora reaparecem no fundo de tonalidades mescladas, até chegarem ao mais impressionante dos acordes. Comentando a importância de Strauss para o modernismo vienense, Maurice Ravel sustentaria que o compositor de *Salomé* fora "o primeiro a sobrepor linhas harmonicamente incompatíveis", e que o acorde que encerra a cena do beijo póstumo "teimosamente resiste a qualquer análise de modulação — no máximo é compreendido como o uso simultâneo de diferentes áreas tonais".

Em sua invectiva contra Strauss, Theodor Adorno lembrou a fase anal com que Freud compreende a dinâmica do controle e da soltura, e que estaria na base da formação de todos nós. "Socialmente", a música de Strauss livrava-se da "estreiteza, da hipocrisia e do preconceito comezinho que Nietzsche atacara", e ainda assim se revelava pouco sólida, parente daquela "respeitabilidade pequeno-burguesa" que Adorno tanto desprezava. Nessas palavras percebe-se o mau humor do filósofo que vê, em Strauss, apenas o efeito pirotécnico e a busca do conforto. Mas nós podemos legitimamente perguntar o que incomoda na falta de controle de uma música que se derramava por zonas proibidas, ou por aquelas diversas "áreas tonais" a que se referia Ravel.

É curioso que o universo em que se cruzam as leis judaica e romana esperasse por um messias, que viesse para restaurar a ordem ameaçada pela vileza dos pecadores. Fitando o mais monstruoso dos descontroles, o profeta espera o salvador. A redenção, no caso, é o momento desejado em que o mundo se retificaria, e que a ópera parece contornar, como se um espírito maligno soprasse, evitando o regresso da harmonia. A morte de João Batista é a confirmação de que o desejo impera, enquanto a concórdia se torna uma ideia tão urgente quanto distante.

A música põe em cena a irresolução do conflito entre desejo e concórdia, como se através do acorde dissonante o sujeito entrasse nos "mais extremos confins da harmonia, da polifonia psicológica e da receptividade dos ouvidos modernos", como diria mais tarde Strauss, sobre a composição de *Salomé*.

Mas a harmonia não é sempre um acordo provisório que nos mantém à beira do ruído? E como pode o desejo sobreviver, senão num pacto secreto com a morte?

Antonio Candido: a literatura contra a morte

Folha de S.Paulo, 12 de maio de 2017.
Dia da morte de Antonio Candido.

A última vez que vi Antonio Candido foi em sua casa, no ano passado, quando eu e Lilia Schwarcz lhe demos um exemplar da edição crítica de *Raízes do Brasil*, que ele recebeu com grande entusiasmo. Nós, um pouco embaraçados, porque a edição no fundo vai contra a famosa interpretação que ele fez do amigo Sérgio Buarque de Holanda, considerando-o um democrata "radical" já lá na década de 1930. Para nossa surpresa, Candido vibrou com a ideia, e nos disse, com todas as letras, que afinal talvez houvesse um pouco de exagero na sua interpretação. Mas, à parte a graça e a humildade com que falava de si mesmo, o que mais me impressionou foi a história que então nos contou, sobre o poder da literatura diante da morte.

Antes, há que dizer que a clareza dos textos de Antonio Candido, simples e profundos, têm provavelmente a ver com sua capacidade e seu amor por contar histórias, a que se somava, para os que o conheceram melhor, uma tremenda capacidade de imitar a fala e o jeito das pessoas. Essa escuta tão fina, voltada para as pessoas diferentes, atenta e curiosa, está toda lá, para quem quiser ver, em *Os parceiros do Rio Bonito*, sua tese de doutorado em sociologia depois publicada em livro, em 1964. Os agradecimentos aos "caipiras"[1] da região de Botucatu ainda hoje calam

....
1. **Not a Translator's Note**: Caipira, etymology uncertain. An individual who lives in the countryside. Game of chance played between such individuals. Unrefined, naive person, such as these individuals are supposed to be. Rustic, hillbilly, yokel, hick, hayseed, bumpkin, redneck. (All pejorative.) The best translation I can come up with is, oddly, the blandest: country. Country folk, country ways. The caipira inhabits the heartland, the "real Brazil", the country, and so it makes sense that they

fundo, neste nosso país tão maltratado: "Eram todos analfabetos, sendo alguns admiráveis pela acuidade da inteligência". Ou então, aquela cena que ainda hoje me arrepia, no extraordinário retrato da socialista Teresa Maria Carini, a Teresina: "Convidava pobres e ricos para sentar na mesa, ao mesmo tempo se coincidisse, oferecia polenta caso fosse hora do almoço, falava da Rússia, de música e das novidades com o tom adequado. Um dia uma pessoa que foi visitá-la encontrou-a instalada entre a mulher do presidente da República e o Tio Pedrinho, preto velho rachador de lenha, feio como a necessidade, que estava almoçando com ela".

A história que Antonio Candido então nos contou foi precedida por uma observação que resume o que era, para ele, o caráter esclarecedor da arte. Candido era um iluminista, sem que com isso deixasse de interessar-lhe o mais recôndito e misterioso, o obscuro e o impenetrável da vida. Ele nos disse primeiro que a literatura organiza as ideias, a música organiza a sensibilidade, enquanto as artes plásticas organizam a maneira de ver o mundo. Isto para contar, tão vividamente que nos comovemos, a cena, em que ele e Dona Gilda visitaram o amigo historiador, Sérgio Buarque de Holanda, já muito doente, às portas da morte. Sérgio não dizia coisa com coisa, e Candido nos conta que se perguntou então se eles tinham o direito, a despeito da intimidade, de estar ali e vê-lo naquele estado, a delirar. Mas eis que, de um golpe, Sérgio se levanta com seu chambre e começa a declamar a célebre oitava de Camões: "No mar tanta tormenta, e tanto dano,/ Tantas vezes a morte apercebida!/ Na terra tanta guerra, tanto engano,/ Tanta necessidade avorrecida!/ Onde pode acolher-se um fraco humano,/ Onde terá segura a curta vida,/

....
should share a signifier. Monteiro Lobato, 1915: "Não somos ainda uma nação, uma nacionalidade. As enciclopédias francesas começam o artigo Brasil assim: 'Une vaste contrée...' Não somos país, somos região. O que há a fazer aqui é ganhar dinheiro e cada um que viva como lhe apraz aos instintos."

Que não se arme, e se indigne o Céu sereno/ Contra um bicho da terra tão pequeno?". Candido a declama também, para ao fim nos dizer: "a literatura lhe deu um último momento de lucidez".

A lucidez é um traço inequívoco nos escritos de Antonio Candido. Uma lucidez engajada, preocupada com o social e a política; um mundo de inquietudes, em suma, escondido sob a prosa límpida que não há quem não admire.

Como me disse um outro amigo aqui em Princeton, quando lhe escrevi sobre a morte de Candido: mestre, era imenso.

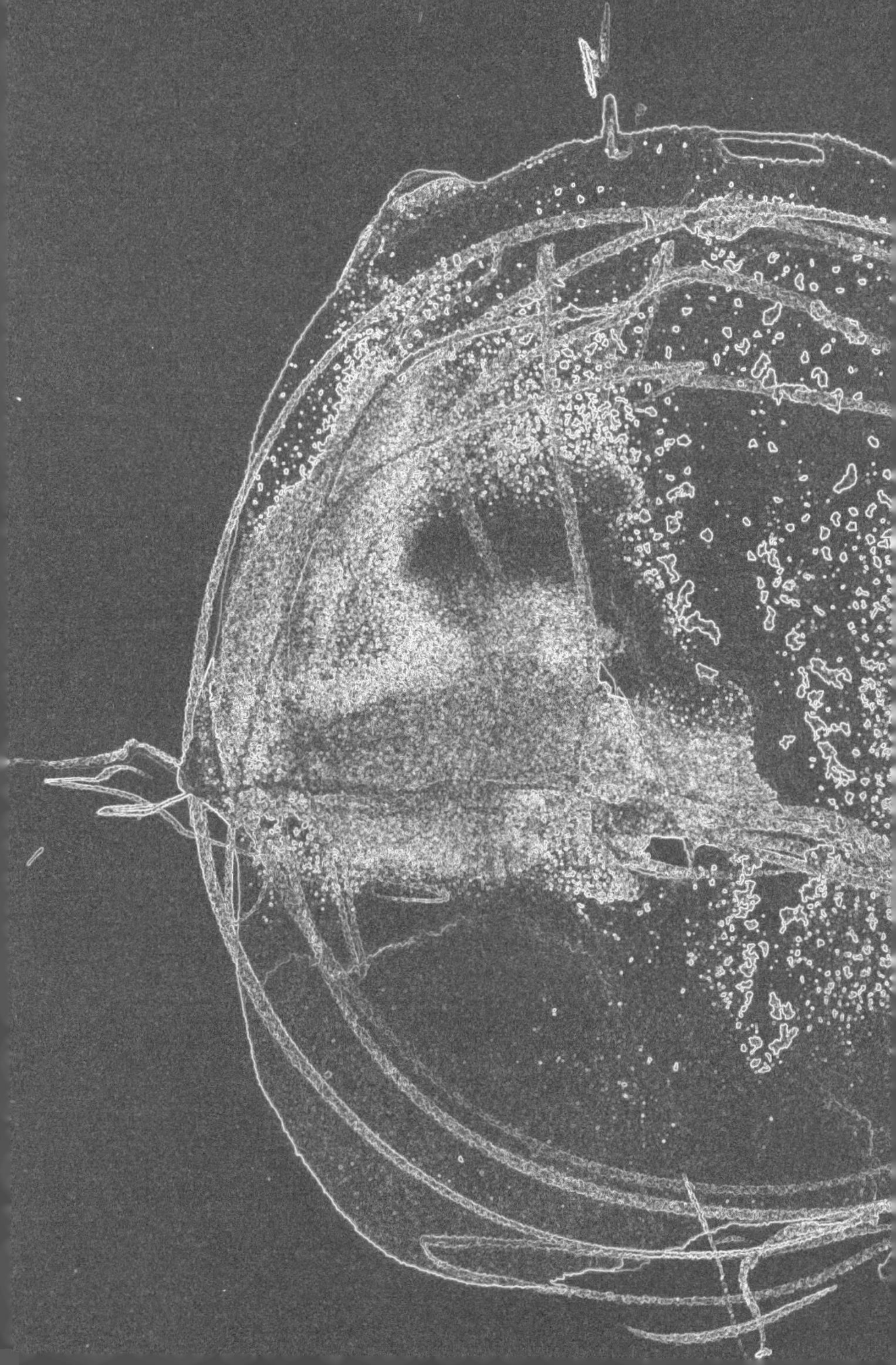

A síncopa:
por que ela, agora, aqui?

Apresentado em "Sincopação do mundo: dinâmicas da música e da cultura", com José Miguel Wisnik e Antonio Nóbrega, na Biblioteca Brasiliana Guita e José Mindlin da USP, em agosto de 2015.

A *síncopa* é um termo que leva muita gente ao dicionário. Tanto na gramática quanto na medicina antiga, a síncopa aponta para a *quebra*. Já no plano musical, propriamente rítmico, ela chama nossa atenção para aquilo que rasga o ritmo regrado. Colocando-se entre o tempo e o contratempo, ela marcaria um lugar outro na marcha dos corpos e das ideias. Assim dito, a síncopa pode parecer um trunfo diante da organização férrea do mundo, como se com ela rompêssemos a ordem que nos aprisiona, num súbito e inaudito grito de liberdade.

E como fugir à tentação de essencializar a experiência sincopante? Fugir da essencialização, no caso, tem a ver com a refutação da ideia de que a síncopa representaria a força anárquica da sociedade mestiça, contra um fantasma europeu, branco e castrador. Tal fantasma, se nos entregarmos a um raciocínio maniqueísta, marcharia militarmente contra um exército de dançarinos esfarrapados, capazes dos mais incríveis "meneios capoeirísticos", em "pânica" alegria — para jogar, ainda e sempre, com termos de Mário de Andrade.

Mas assim como a síncopa não é o reino absoluto da alegria, a marcha do tempo não é a simples vitória totalitária do progresso. Aliás, não há progresso sem desvio, como bem sabem aqueles que progridem.

A ideia de pensar a "sincopação do mundo" tem a ver com o desejo de espiar e talvez habitar o espaço que medeia entre aqueles dois exércitos, um supostamente ordenado e marcial, outro imaginariamente caótico e livre.

Curiosamente, a ideia de elaborar essas questões nasceu, há alguns anos, em meio a uma conversa no trem. Um trem que vinha do subúrbio — não do Engenho Novo, como no caso célebre de *Dom Casmurro*, mas de Long Island, mais especificamente de Stony Brook, próximo a Nova York, onde vários colegas tinham se reunido para debater o Brasil e os estudos brasileiros no estrangeiro.

Chegando então a Nova York num trem de subúrbio, falávamos do que costuma unir os estudiosos da América Latina nos Estados Unidos: o sentimento de ocupar um espaço simbolicamente menor. Daí a uma conhecida queixa foi só um passo: é que vários dos nossos estudantes norte-americanos — muito assombrados pela ideia de objetivos claros e metas a cumprir — costumam ter grande dificuldade para compreender caminhos sinuosos, espaços de utilidade duvidosa, titubeios e desvios considerados "desnecessários".

Naquele momento, como reação a esse universo regrado e de metas claras, surgiram as seguintes perguntas: uma reflexão sobre a síncopa ajudaria a esclarecer a importância dos caminhos sinuosos para o pensamento? Ajudaria a pensar a condição periférica? Ou centro e periferia nada têm a ver com a métrica dos sons e o movimento dos corpos?

Nem de longe pretendo responder a essas perguntas. Mas me alegra que, naquele trem de subúrbio, tenhamos decidido propô-las. O tema é tão tortuoso quanto o desvio que a própria síncopa enseja.

Vejamos.

Não sendo músico ou musicólogo, deixo aos especialistas a discussão da síncopa como deslocamento rítmico, pausa na acentuação, contrametricidade etc. Mas mesmo sem as credenciais do estudioso, arrisco dizer que a melhor filosofia do tempo é aquela que se furta à síntese, e que nos ensina a viver num universo em que não há solução final do sentido. Para ser mais claro: a síntese pressupõe um caminho inevitável, que o corpo deve percorrer. Sabemos que o gesto sintético não guarda surpresas. Entretanto, quando se resiste ao poder paralisante da síntese, a contingência do movimento se abre numa flor de insuspeitada beleza.

Quando, nos anos 1950, a bailarina Doris Humphrey escreveu sobre o despertar da dança moderna, ela lembrava que Isadora Duncan removera as "estórias" [*stories*] do que até ali fora o balé clássico, e insistia que "a dança poderia ser uma emanação da alma e das emoções". Como uma Bela Adormecida que despertasse com os estrondos da Primeira Guerra, nos diz Doris Humphrey, a dança nascia como um "desejo devorador".

Mas como pensar os movimentos impetuosos do corpo? Humphrey supõe que a devoração que o moderno corpo desejante carregaria em si obedece a um ritmo que se desdobra em três: o "ritmo motor", que obedece às batidas do tempo; o "ritmo da respiração", que se transfere aos membros que parecem aspirar e expirar; e, finalmente, o "ritmo emocional", cujo centro propulsor é sua própria *verdade*. O movimento, diz a dançarina moderna, "deve nos convencer que as suas raízes estão na realidade". O movimento, para ela, é uma suspensão da vida diante da morte. Trata-se daquilo que o corpo faz, logo antes do fim, numa espécie de *suspensão*.

A suspensão significa a recusa de algo. Como se, suspensos, nos furtássemos à morte, mas também ao ritmo harmonioso das esferas, ou às demandas urgentes da cidade. Penso nas discussões antigas que opunham uma concepção do *ritmo regrado*, no espírito ático de Platão e mesmo de Sócrates, a uma concepção do ritmo como *choque e sustentação de elementos em luta*, no caso de Heráclito. A contraposição não poderia ser mais clara: de um lado, o ritmo platônico tende à ordem e obedece ao compasso, regrando a falta de medida, isto é, lutando contra a *hubris*; de outro lado, Heráclito propõe também o trabalho de extinguir o excesso, mas advoga uma lógica que proviria do próprio mundo, e não de um deus que lhe seja exterior. Eis aí o ponto nevrálgico de um materialismo que pode ser lido de muitas formas: em Heráclito, lemos que "este mundo, o mesmo para todos, nenhum homem ou deus o fez". Toda a armação platônica do universo pressupõe, ao contrário, um mundo ideal que nos é inacessível, mas que serve de espelho. No módulo platônico, somos constrangidos pelo mundo, o qual se impõe, como modelo e regra. Este, aliás, é o universo mental dos estudantes — norte-americanos ou não — que sabem o que querem, que têm metas claras, e que não conseguem habitar os espaços "inúteis" em que o universo resiste a um compasso ideal. Imaginemos, no caso brasileiro, um universo acadêmico que repentinamente deixasse de lado o currículo Lattes e se entregasse a outros compassos da produção. O que seria dele?

A noção de *compasso* é fundamental, e pode nos levar longe. Esclareço que não estou apenas pensando no problema do tempo entre os gregos, mas também numa investigação recente de João Kennedy Eugênio, que tenta aproximar Sérgio Buarque de Holanda de Ludwig Klages em sua discussão do ritmo. Assim como o filósofo alemão, o historiador brasileiro teria encarado, desde muito cedo, a misteriosa noção de um "ritmo espontâneo", que o vetor autoritário tentaria submeter a um "compasso" artificial. Estes são os termos, exatamente, de *Raízes do Brasil*, livro de 1936: um "ritmo espontâneo" que se opõe a um "compasso mecânico" e a uma "harmonia falsa". Não é preciso ir longe para perceber de que lado, dentre os muitos lados do debate, Sérgio Buarque de Holanda se colocava, tendo em mira, aliás, a história social da Primeira República brasileira. Sobre esses lados opostos e outros lados, e saltando várias décadas, poderíamos perguntar, com Chico Science: "de que lado, de que lado/ de que lado, de que lado/ você vai sambar?"

Não se trata de supor que o modelamento platônico signifique o fim do caos, ou a abolição do azar. Não se pode abolir o azar, como bem sabemos os leitores de poesia e como sabem os bons jogadores. Mas não há dúvida de que a concepção rítmica que provém de Platão está calcada numa harmonia primeira que só os homens sábios alcançariam. Na *República*, a atribuição do comando da *pólis* aos filósofos é assegurada pelo fato de que apenas eles podem identificar a imagem, e "de que coisa [ela] é sombra". Os verdadeiros filósofos estariam sempre alertas, e não "sonhando como acontece na maioria das cidades administradas por pessoas que brigam entre si por nada e formam facções para conquistar o poder, nisso vendo um grande bem".

Ritmo e compasso. A metáfora é poderosa, e faz lembrar que a adequação do tempo a uma medida ideal, ou do mundo ao seu espelho perfeito, é uma violência fundadora, espécie de pedra fundamental da política, que existe para regrar, mapear, controlar, e não deixar que os corpos se choquem caoticamente. A política, como nos ensinam Foucault e Agamben, é um exercício que desconfia do poder dissolvente do sonho e do devaneio, recusando a soltura dos corpos, por temer que eles se comportem como os átomos epicurianos após uma explosão. No pulso vital que corpo e espírito detonam, residiria, após Platão, o *poder do diabo*, que o canto gregoriano aplaca e a música moderna transforma em expressão, controle, apaziguamento e elevação simultâneos.

Um leitor do livro poderoso que é *O som e o sentido* sabe o caminho que tomo. Cito e parafraseio José Miguel Wisnik: a "dimensão construtiva do pulso, recalcada pela cultura ocidental", é paradoxalmente responsável por levar a música às alturas. Dos pigmeus do Gabão a Bach, o regresso da batida sinaliza dois caminhos: "o eterno retorno assimétrico dos pulsos", nos pigmeus, ou, em Bach, a conquista das alturas, que se abriria "em fuga à perseguição do desígnio fáustico de uma música total e em movimento, de uma harmonia das esferas que estivesse, por uma espécie de contra-senso com o mundo platônico, 'em progresso'".

Retiro da reflexão uma única ideia: *na batalha pelo domínio do espírito, a cidade deve dominar também os corpos.* A já citada teoria contemporânea aprofunda o entendimento desse domínio ao estudar os dispositivos criados pela biopolítica. Mas, seja qual for a matriz teórica, a compreensão de que o controle do corpo é a própria política, em sua forma mais elementar, instaura um mistério: de onde provém o movimento incontrolável do corpo?

Em 1915, mal iniciada a Primeira Guerra Mundial, Freud escreve um de seus belos textos: "As pulsões e seus destinos". Antes ainda de escrever *O mal-estar na civilização*, o quiproquó teórico e político enfrentado por Freud recaía sobre a ideia da "pulsão", que advém de um impulso fisiológico interno, uma força que originalmente foi um estímulo externo, mas que o próprio organismo internalizou. Em poucas palavras, a pulsão é a memória de um estímulo uma vez recebido, que agora opera no interior do corpo. Uma memória gravada nas profundezas da psique, capaz de dizer algo sobre um impacto original, uma força que já não identificamos, mas que continua a nos levar.

O alemão de Freud chama de *Triebes* aquilo que se traduz perfeitamente pelo inglês *drive*, e que no português entendemos, talvez precariamente, com a ideia da *pulsão*, isto é, aquilo que pulsa inadvertidamente em nós. No entanto, parece que *Triebe*, ou *drive*, são vocábulos mais eficientes, capazes de lembrar que um impulso externo original construiu uma estrada no interior do sujeito, armou um desvio, um canal de forças, um *drive* — ou uma *deriva*, como agudamente aponta Pedro Heliodoro Tavares, numa bela edição bilíngue do texto de Freud.

Ainda pensando no poder e no mistério dos pulsos e das pulsões, regresso a um léxico datado. Regresso especialmente ao Brasil, para perguntar o que significava, numa sociedade que mal deixava a escravidão, no final do século XIX e início do XX, a identificação da *lascívia* nos requebros do corpo. Quem conhece as fontes do período pós-abolição sabe com que frequência o discurso civilizado alertava para o perigo dos indivíduos lascivos, entregues ao *transe*, tantas vezes tramado por palavras incompreensíveis, que a imaginação ilustrada projeta sobre as estepes distantes de uma África ainda tingida pelos preconceitos dos antigos: uma grande *Etiópia*, de onde proviriam cantos e gestos atávicos, postos sob suspeita, até pelo menos que a fábula do país do samba e do carnaval ganhasse seus contornos mais nítidos durante o Estado Novo.

O Houaiss localiza a primeira utilização em português da palavra *lascívia* no século XVII, e lembra os significados da expressão latina: "lascivĭa,ae, 'ação de pular, de brincar pulando (com respeito aos animais), divertimento (das pessoas), bom humor, galhofa', p.ext. 'intemperança, desregramento, devassidão, impudicícia'."

Penso na necessidade *política* de dar régua e compasso aos movimentos tidos por perigosos. Em estudo das sociedades dançantes no Rio de Janeiro, nas primeiras décadas do século XX, Leonardo de Affonso Pereira lembra a importância do registro policial das associações de baile dos subúrbios, lembrando também que os próprios grupos dançantes não poupavam esforços em afirmar que se tratava de ambientes sempre "familiares". Ou seja, diante do poder municipal, era preciso assegurar que mesmo os requebros estavam sob o controle da família. Dessa perspectiva, a que não eram alheios os estratos populares, tudo não passava de um momento de lazer, como que prenunciando o império do *entretenimento*, em que tudo é subsumido à diversão coletiva. Império da pura diversão, para o qual "o recalque passa longe", diríamos hoje, ecoando Valesca Popozuda.

Eis o nó com que eu gostaria de atar estas reflexões: ao pensar na síncopa, é preciso discutir a universalização de práticas tidas por "perigosas", porque os pulsos, ou as pulsões, estão à solta. Não importa se atentamos para o corpo que se comporta como um instrumento de percussão (como sugere Jean-Luc Nancy), ou se voltamos nossa atenção para o controle político dos sons e de sua reprodução: em ambos os planos é impossível conceber a síncopa fora do pêndulo do controle e do descontrole.

Houaiss, novamente: a primeira utilização da palavra *síncope* em português, referida ainda à fonética, data do século XVI. A etimologia é uma maravilha de revelações: "gr. sugkopé,ês 'fragmentação de um metal para o fabrico de moeda, encurtamento, redução; GRAM síncope, corte de sílabas ou de letras no meio do voc.; MED desmaio', do v. sugkóptō 'quebrar, reduzir através de síncope', pelo lat.tar. syncŏpa,ae [...] Nas acp. de GRAM e MED; AGC vê infl. do fr. syncope (1314) 'parada ou diminuição dos batimentos cardíacos, acompanhada da suspensão da respiração e de perda da consciência'."

Penso mais uma vez no transe e no nascimento de uma ciência da subjetividade que se apoia, em seus princípios, na hipnose e na catalogação dos casos de histeria, isto é, na observação de momentos em que *o sujeito (sobretudo feminino) se perde*. Mas não é preciso ir tão longe quanto à Paris de Charcot e Freud. Trata-se de um complexo também nacional, o qual, referido à Bahia de Nina Rodrigues, foi minudentemente estudado por Dylon Robbins. Para um Nina Rodrigues influenciado pela criminologia italiana, importava compreender os rituais de possessão, quando a *lascívia* servia aos fins de estranhas religiões, ainda não guindadas ao altar do tesouro afro-baiano em que as colocaria um Jorge Amado ou um Pierre Verger.

O problema, seja no início do século XX ou depois, é decidir se devemos ou não emprestar ouvidos àqueles que produzem sons "desarticulados". Nesse sentido, valeria a pena pesquisar a retórica da reação à música "ruim", desde a incompreensão diante do maxixe, no fim do século XIX, até à recusa, em nossos dias, do funk e da música "comercial". Para além de qualquer avaliação estética, a música comercial alimenta os ouvidos e aciona os corpos de sujeitos que, no Brasil, cada vez mais atingem o patamar do consumo.

A que distância esses "consumidores" de música se colocam de "nós"? E que "nós" somos/são esses? Que mediações de raça e gênero existem aí? E que papel desempenha a síncopa, ao manter teso um tecido coletivo que a retórica conservadora julga sempre prestes a romper-se? Indo direto ao ponto: na recusa civilizada do rebolado do funk, por exemplo, não descansaria um antigo dispositivo de controle, acionado pela mente "civilizada" toda vez que os corpos sinalizam coisas outras, que se furtam ao destino ideal da cidade, traçado pelos seus filósofos? Insisto: não será, ao fim e ao cabo, uma questão profundamente ligada aos preconceitos de raça e gênero?

São perguntas em aberto, e reafirmo que não ouso respondê-las. Retomo, contudo, uma reflexão de Arcadio Díaz-Quiñones sobre a voz dos indivíduos que, na história do Caribe hispânico, se furtaram ao olhar do Estado e não entraram nos seus "arquivos". O crítico porto-riquenho sugere que a distância em que se colocavam esses indivíduos, abrigados sob a formidável e intraduzível categoria de "*cimarrones*", não implica carência de voz. Mas o arquivo oficial não contempla ou *não escuta* o que dizem esses sujeitos: ex-escravizados, escravos fugidos, mestiços, enjeitados, sujeitos à margem, brancos pobres, que articulam sua posição de forma relacional e como agentes de sua própria história. Ocorre que qualquer articulação, no caso desses sujeitos, faz-se ao abrigo da *cidade letrada* (categoria central de Ángel Rama na imaginação crítica hispano-americana), isto é, a articulação de sua voz exige aquilo que, no quadro da teoria pós-colonial, carrega as marcas da "hibridez" e do "mascaramento".

Trata-se novamente de terreno pantanoso, porque é relativamente fácil sair dele vestindo, gloriosos, a fantasia da sociedade mestiça e da mistura regeneradora. Entretanto, a *vida* é uma espécie de verdade teimosa que resiste à síntese, e a *síncopa*, sendo suspensão e parada, e implicando uma espécie de desmaio diante do canto da Autoridade, talvez lembre que algo sanguíneo resiste à falsidade da voz sequestrada pela ordem e submetida à regra do controle.

Termino com palavras de Federico García Lorca, em sua maravilhosa conferência de 1933, *Juego y teoría del duende*:

Para buscar al duende no hay mapa ni ejercicio. Solo se sabe que quema la sangre como un trópico de vidrios, que agota, que rechaza toda la dulce geometría aprendida, que rompe los estilos. [...] Una vez, la "cantaora" andaluza Pastora Pavón, La Niña de los Peines [...] cantaba en una tabernilla de Cádiz. Jugaba con su voz de sombra, con su voz de estaño fundido, con su voz cubierta de musgo, y se la enredaba en la cabellera o la mojaba en manzanilla o la perdía por unos jarales oscuros y lejanísimos. Pero nada; era inútil. Los oyentes permanecían callados. [...] Entonces La Niña de los Peines se levantó como una loca, tronchada igual que una llorona medieval, y se bebió de un trago un gran vaso de cazalla como fuego, y se sentó a cantar sin voz, sin aliento, sin matices, con la garganta abrasada, pero... con duende. Había logrado matar todo el andamiaje de la canción para dejar paso a un duende furioso y abrasador, amigo de vientos cargados de arena, que hacía que los oyentes se rasgaran los trajes casi con el mismo ritmo con que se los rompen los negros antillanos del rito, apelotonados ante la imagen de Santa Bárbara. La Niña de los Peines tuvo que desgarrar su voz porque sabía que la estaba oyendo gente exquisita que no pedía formas, sino tuétano de formas, música pura con el cuerpo sucinto para poder mantenerse en el aire. Se tuvo que empobrecer de facultades y de seguridades; es decir, tuvo que alejar a su musa y quedarse desamparada, que su duende viniera y se dignara luchar a brazo partido. ¡Y cómo cantó!

A gambiarra como destino (de Hélio Oiticica a Daniela Thomas)

Serrote n.28, março de 2018. Este ensaio tem como origem minha participação na instalação *Myth Astray: A Project by Arto Lindsay*, em associação com a exposição *Hélio Oiticica: To Organize Delirium*, em setembro de 2017, no Susan and John Hess Family Theater do Whitney Museum em Nova York.

O arrastão do concreto

Em 2016, em meio à crise geral e ao processo de impeachment de Dilma Rousseff, a codiretora artística do espetáculo de abertura da Olimpíada do Rio de Janeiro, Daniela Thomas, surpreendeu a imprensa ao dizer que, diante dos cortes orçamentários, a equipe de produção se sentia talvez até mais forte, porque se entregaria à improvisação com o pouco que tinha. Ela então lançou mão de uma palavra curiosa, de "origem obscura", segundo os dicionários: *gambiarra*. Sucintamente, a gambiarra é um recurso criativo para um problema, mas pode ser também uma extensão elétrica puxada fraudulentamente de um poste público — o célebre "gato".[1] É, em suma, o espaço que se

....
1. **Not a Translator's Note:** How to translate gambiarra, that funny little word with an a-ha on the end? Two words came to mind, confusedly: *jury-rigged*? Or is it *jerry-rigged*? Turns out, maybe both. To jury-rig is to create a solution that is only temporary — originally, to cobble together a replacement for a broken ship's mast. "Jerry-built" means

estabelece entre a ordem e a desordem, entre a contenção e a soltura diante do peso da norma. Como disse então Daniela Thomas: "Gambiarra *rocks*".

A frase ecoa as mais luxuriantes fantasias tropicalistas. Mas antes de esboçar um sorriso cúmplice ou de franzir o sobrecenho — gestos comuns diante das investidas tropicalistas —, convém qualificar o termo: o que quer dizer "tropicalista"?

Há uma espécie de pecado original na interpretação que às vezes se faz do tropicalismo, e que está na visão unidimensional que detecta, na grande vertente da contracultura brasileira, apenas o elogio ao aspecto festivo da sociedade e da cultura forjadas no Brasil. É plausível supor que a máquina tropicalista de símbolos esteve ligada durante a cerimônia de abertura da Olimpíada de 2016, que bem se poderia considerar um produto atardado do tempo de Juca Ferreira à frente do Ministério da Cultura de Dilma Rousseff. Mas seria incorreto dizer que a abertura olímpica se reduziu à comemoração da aventura civilizatória marcada pelo encontro entre europeus, indígenas e, logo depois, africanos, em solo que seria chamado de brasileiro. Ao contrário da visão apologética, o horror e a beleza caminharam juntos, diante de bilhões de espectadores, na noite de abertura da Olimpíada do Rio.

Para os que assistiram à cerimônia na televisão brasileira, terá sido engraçado ouvir Galvão Bueno, o locutor oficial da tv Globo, em franca contradição com o que se via na tela. No momento em que uma tocante representação

....
something built of bad materials, like a condo built of concrete mixed with beach sand: "made to sell but not to last." Around the turn of the last century, the two fused into the usage "jerry-rigged", perhaps once a corruption but now one that's aged enough to become respectable. Suggestive as they may be, these are all adjectives, not nouns, though. Stopgap: a short-term solution, a finger plugging a dike, a band-aid on a wound. Workaround: despite its technological airs, may be the best representation yet of the movement implied by the jeitinho, the gambiarra. Faced with an obstacle, one shimmies around it. Not a solution, but a way forward. Built to work, not to last.

da escravidão ocupava o gramado do Maracanã, com os escravizados caminhando com pesos de ferro atados aos pés sob a batida insistente dos tambores, o locutor global fazia o elogio do encontro incruento nos trópicos ("a diversidade, a característica de nosso povo"). Mas havia também funk, rap, bossa nova, pagode, Gisele Bündchen, Niemeyer, Elza Soares, Karol Conká, Caetano, Gil e Anitta cantando Ary Barroso, bailarinos, acrobatas e atletas desfilando por pistas iluminadas, cidades e morros virtuais. Em suma, todas as peças da grande narrativa civilizacional nos trópicos estavam lá, para quem as quisesse ver: a fusão dos elementos ao lado da manutenção das diferenças, a violência incontornável casada à criatividade, e o paradoxo de uma civilização construída sobre a herança escravista, tudo envolto por uma música capaz de sussurrar que a terra recém-vista era, como pensaram talvez os primeiros europeus, uma mistura de paraíso e de inferno.

    O elogio da gambiarra pode ser tão maravilhoso quanto perverso, a depender do contexto e da gambiarra em questão. Evidentemente, Daniela Thomas não estava elogiando aquilo que viria a ser a lambança financeira e administrativa, nem as propinas que levaram mais tarde à prisão de Carlos Arthur Nuzman, então presidente do Comitê Olímpico Brasileiro (COB). Na noite de abertura dos Jogos Olímpicos, tudo era festa no interior do estádio, enquanto a sociedade fervia, do lado de fora. Não deixa de ser irônico que Nuzman tenha aberto a cerimônia com um verso de Gilberto Gil: *The best place in the world is here and now* (o melhor lugar do mundo é aqui e agora). Mas sabemos que após o paraíso viria o inferno. Ou melhor, que o paraíso esconde o inferno, desde sempre.

    Para além da discussão de padrões civilizatórios, ou da contenção moral e ética que um mundo resistente à corrupção exigiria de todos nós, desponta a questão da composição dos materiais. Que o melhor lugar do mundo possa ser experimentado aqui e agora não é a realização de uma profecia ingênua, e sim o reconhecimento da potencial alegria da recomposição cotidiana do mundo, sempre que nos entregamos à criação e à invenção com o que se tem à mão, e não com aquilo que falta. Sempre que nos inserimos no mundo com o que temos.

O comentário de Daniela Thomas foi recebido com surpresa e alguma crítica, mas ficou um pouco apagado, talvez especialmente nos últimos tempos, quando a corrupção mostrou de vez a sua carantonha e a performance empolgante nos deixou com a sensação de que, no fim das contas, o horror sempre grassa sob a graça do espetáculo. Mas, a despeito da decepção profunda com o quadro político, o que pouca gente percebeu, à época, é que a diretora revisitava os princípios composicionais que têm a *objetividade* como norte, e o *concreto* como uma espécie de destino, assim como postulou Hélio Oiticica.

O arco que liga as discussões e a obra de Hélio Oiticica aos impasses enfrentados hoje por Daniela Thomas é largo. Sob esse arco estão problemas imensos, todos prementes: como, a partir da precariedade, repensar a inclusão social, como enfrentar a tensão nas diferenças, como lidar com o desejo de indiferenciação, como disciplinar a vontade de meter a mão na massa do mundo, como entender a precariedade da forma e, é claro, a forma da precariedade? A pergunta, ao fim do dia, é cristalina: o que fazer com aquilo que temos à mão? Mas a questão se desdobra em outras, bem mais complicadas: o que pode a cultura, com isso que temos? Mas quem tem o quê? Quem mexe com o que, quem fala e de onde?

As reações a outra obra recente de Daniela Thomas, o filme *Vazante*, que tem a escravidão, o desejo feminino e o poder masculino em seu centro, mostram que as obras de arte carregam consigo o tempo em que vivem, numa espécie de grande arrastão[2] dos temas que pulsam por aí

....
2. **Not a Translator's Note:** What sound effect comes with the word arrastão? I ask because I can't fall back on the English "dragnet" without hearing a menacing *dum dee dum dum*, the theme to the 1950s radio show. Both evoke the image of fishermen raking the ocean floor, but in one

e que são trazidos para o debate com toda a força, muitas vezes a despeito do que planejou o artista. Queiram ou não, elas mostram o que está acontecendo, como se levassem de roldão toda a matéria à sua volta, no mais confuso dos turbilhões. Já uma noção limpinha da arte nos faria imaginar que, uma vez composta, a obra se isola do resto do mundo, pronta para a parede do museu.

Vazante tem recebido críticas de todos os lados. Para uns, a luxuosa montagem e a cenografia deslumbrante, que tanto deve à iconografia do século 19, terminariam por estetizar a escravidão. Para muitos outros, faltaria protagonismo negro na estória. Para outros ainda, o filme seria uma corajosa posta em cena do passado escravista que assola o país, mas teria o grande defeito de ter sido produzido por uma equipe majoritariamente branca. Algumas dessas críticas talvez se guiem, conscientemente ou não, pela expectativa de que uma obra de arte como *Vazante* deveria ou poderia servir como peça numa grande reparação histórica. Mas seja qual for a função do filme no debate contemporâneo, ele aponta para a precariedade num outro nível, desta vez ainda mais profundo. Trata-se da precariedade que existe no plano social e político, sempre que a violência impera, arriscando bloquear toda e qualquer inventividade.

Em sinuosa digressão na edição dos 20 anos de *Verdade tropical*, Caetano Veloso, logo antes de explicitar sua inclinação mais recente à esquerda, fala com suspeita da tendência de desvalorizar o Brasil por ser fruto da colonização lusitana. Segundo ele, ao recuar diante da suposta complicação da língua portuguesa, correríamos o risco de nos furtar à tarefa de preservar nossas invenções mais valiosas, conquistadas na tortuosa negociação com as leis da gramática e a mecânica dos sons. Ao declarar que tudo é difícil neste país (afinal, para que gastar energia com uma

....
language the hands holding the net are the authorities, and in the other, the dragging is done by a mob.

amaldiçoada origem colonial portuguesa?), o risco seria de simplesmente desistirmos de "experimentar e inventar", como se uma preguiça inaugural nos perseguisse.[3] Em suma, alguma voz profunda insiste em nos convencer de que não vale a pena mexer com a porcaria que somos.

O atual sentimento de dissolução e de crise nos obriga a revisitar os marcos com que se tem pensado a inclusão e a exclusão, o passado e o futuro, quem faz e quem não faz parte das narrativas que contam a história, ou as histórias, do Brasil. O tropicalismo continua sendo uma peça importante no jogo das matrizes que tentam explicar o país. Sua força vem de um impulso original que enseja formas artísticas e narrativas profundamente inclusivas. Através dessas formas, as diferenças não se diluem jamais numa síntese, nem se apagam. O artista, em suma, não cede ao canto das sereias da resolução histórica e do bom rumo que deveríamos inelutavelmente tomar. Ao contrário, o conflito segue como que intocado, trágico e desassistido de qualquer solução ou remédio. Quanto mais alto o grito e maior o descontentamento, mais potente pode ser a produção cultural.

A ideia de que a experimentação e a invenção dependem do tamanho do enrosco que encaramos é atualíssima, e não apenas porque o Brasil está diante de um dos maiores enroscos de sua história. A questão é que a impossibilidade de planejar, sempre que se tem diante de si uma matéria imprestável ou incontrolável, pode estar na origem da mais insuspeitada das potências: aquela que se encontra na precariedade daquilo tudo que se apresenta à imaginação e à ação da arte.

....
3. Caetano Veloso, *Verdade tropical*. São Paulo: Companhia das Letras, 2017, p. 15.

Cultura e contaminação

Sem que fosse sua intenção original, Hélio Oiticica foi responsável por dar um nome à contracultura no Brasil. Como se sabe, a palavra "tropicalismo" ganharia as ruas a partir de 1968, num feliz encontro entre a estética aberta ao pop de Caetano e Gil (entre vários outros) e uma instalação intitulada *Tropicália*, datada do ano anterior. Não me detenho sobre a instalação de Oiticica, que pode ser visitada nos museus. Gostaria apenas de relatar algo que me aconteceu há pouco mais de dez anos, quando vi e experimentei *Tropicália* pela primeira vez, na exibição *Tropicália: A Revolution in Brazilian Culture*, no Bronx Museum of the Arts.

Em 2006, tratava-se de um Bronx já muito diferente daquele do início dos anos 1970 em que Oiticica gostava de passear com sua amiga, a fotógrafa francesa Martine Barrat, e que ganhou então o apelido de Korea, como zona conflagrada que era. Deixo, entretanto, que a memória me leve de volta ao Bronx dos anos 2000, asseado e palatável para o gosto dos que, como eu, vinham de Manhattan prestigiar o museu.

Mal contendo a emoção, sentei-me para tirar os sapatos e entrar reverentemente em *Tropicália*, pisando a areia fofa que me levaria por espaços estranhos e familiares, naquela que é uma figuração entre alegórica e onírica dos trópicos. Ao meu lado, sentada no mesmo banco, uma família formada por um homem, uma mulher e duas crianças seguia as instruções, tirando os sapatos antes de entrar na instalação. Ela era brasileira, e ele, aparentemente, estadunidense. Nela, sentia-se uma curiosidade entre entusiasmada e embaraçada. Já ele olhava intrigado para o chão de areia da instalação, parecendo indeciso ao descalçar as crianças. A pergunta que então fez cortou, brutal, o silêncio e a luz pálida da sala, de que éramos os únicos ocupantes: *What about the germs?*

Além da crença profunda no poder dos germes, que talvez diga muito de um modelo civilizacional, havia ali, tingida pelo humor involuntário, a explicitação de um dilema: como adentrar o experimento e ao mesmo tempo deixar para trás o temor do contato e da contaminação? De onde provinha o medo dos poderes invisíveis, talvez letais, daquele lugar? E o que podia haver de letal naqueles trópicos artificiais (ou *paraísos artificiais*) não seria imediatamente atenuado pela conformação convencional do espaço museológico? Pensando na reação "civilizada" diante da sujeira invisível, lembro-me das reflexões de Barbara Browning sobre as metáforas do contágio e o "espalhamento" da cultura africana nos discursos originais sobre a aids,[4] que Oiticica teria enfrentado como grande fantasma de sua geração, não tivesse morrido prematuramente, em 1980.

Considerando o temor disparado por germes tão poderosos, haveria então, no círculo mágico da instalação de Oiticica, uma "verdade" a ser revelada exatamente àqueles que mais temem a sujeira? No plano do desejo, isto é, das oscilações do sujeito diante da perdição e da contenção, *Tropicália* não oferece, justamente, uma visão súbita do paraíso colado ao inferno?

Não ouso ensaiar respostas a essas perguntas. Mesmo assim, a indagação do pai de família estadunidense ressoou umas tantas vezes na minha memória, enquanto eu visitava *Tropicália* pela segunda vez, em 2017, agora no Whitney Museum, durante a exposição *Hélio Oiticica: To Organize Delirium*, em Nova York.

Mas tudo parecia diferente dessa vez. Eu era um convidado do museu e participava da instalação de Arto Lindsay

....
4. Refiro-me aqui ao livro de Barbara Browning, *Infectious Rhythm: Metaphors of Contagion and the Spread of African Culture*. Nova York: Routledge, 1998. A metáfora do contágio permite à autora refletir sobre a associação, comum nos anos 1990, entre aids e práticas culturais da diáspora africana, analisadas por ela a partir da resistência e do temor diante daquilo que "contagia".

que dialogava com a exibição de Oiticica. Ao passear com Arto pelas redondezas, era engraçado escutá-lo, envolto em suas memórias sobre aquele espaço e sua configuração nos anos 1970. A verdade é que ele mal podia conter o mau humor diante do entorno higienizado do museu, erguido imponentemente entre o rio e o High Line, a ocupar o que um dia fora um fervilhante Meatpacking District, com seu barulhento mercado de carnes à beira do Hudson. O novo prédio do Whitney, desenhado por Renzo Piano, é admirável, assim como suas atividades voltadas para a "comunidade". Mas algo parece ter espantado os germes para longe dali.

Tudo isso andava pela minha cabeça enquanto passeávamos, pensativos, tentando entender o insistente impacto da *Tropicália* nos dias de hoje.

Whites Only

O encontro com aquilo que viria a ser designado Novo Mundo é o início de uma história de cruzamentos quase sempre violentos entre culturas nativas e adventícias, aí incluídos os milhões de africanos traficados nos séculos seguintes, quando o Brasil passaria de sua fase colonial à condição um pouco anômala de Império nas Américas, até que a República chegasse com a promessa da mais moderna das civilizações. No plano vistoso das ideias, bem ao gosto daquilo que já se chamou de "Belle Époque tropical", a civilização que se almejava numa cidade como o Rio de Janeiro era branca e europeia: receita difícil num lugar em que a presença de ex-escravizados e seus descendentes era massiva.

Convém entender o dilema dessa civilização que queria ser diferente do que era, para então compreender o que foi, já na década de 1920, a experimentação modernista no Brasil. Nascido em 1937, Hélio Oiticica foi, como tantos de sua geração, uma espécie de neto espiritual dos primeiros modernistas. É preciso compreendê-los bem, e aos seus dilemas, para entender Oiticica.

Na senda do primitivismo internacional das vanguardas, a arte evoluía em linhas cruzadas e às vezes paralelas: enquanto na ponte Paris-Nova York circulava o jazz e despontava Josephine Baker, mais ao sul o dilema imaginário entre civilização e barbárie ganhava tons especiais. Aquilo que a consciência imperialista europeia refugara por tanto tempo — o corpo "selvagem", o grito, a síncopa, os rituais de possessão — se tornava objeto de curiosidade e logo em seguida de frisson entre artistas e intelectuais, em sua maioria brancos e homens.

Se Oiticica foi um desses mediadores culturais capazes de circular por meios que não o seu, foi também descendente daqueles primeiros "modernistas" brasileiros que subiram os morros do Rio de Janeiro atrás da riqueza rítmica, das tonalidades e da experiência das favelas.[5] Interessa notar que as *favelas* viriam a compor o grande clichê com que até hoje se enquadra o Rio de Janeiro: uma cidade espremida entre a beleza da baía de Guanabara e as casinhas pobres encarapitadas nos morros. Se em Nova York era preciso ir ao extremo norte de Manhattan para, no Harlem, sentir o pulso daquilo que o gosto da Belle Époque havia jogado para baixo do tapete, no Rio de Janeiro bastaria subir o morro e descobrir, ou inventar, esse novo espaço figurativo que viria a expressar o Brasil na pintura, no cinema e, sobretudo, na música.

A diferença fundamental é que, no hemisfério norte, esse encontro se dava como que colado à lógica da segregação. Nos Estados Unidos, o Sul do entreguerras era tanto o espaço da invenção do blues quanto o da discriminação institucionalizada que, como temos visto abundantemente,

....
5. Nunca é demais lembrar que, muito antes que Mário ou Oswald de Andrade se encantassem pelo mundo popular, Lima Barreto já circulava por ele, e os cronistas cariocas se debatiam com aquilo que viria a ser identificado, numa leitura canônica do modernismo, como uma "descoberta" dos paulistas.

até hoje viceja. Na Europa, nem é preciso lembrar que a alegria fátua do entreguerras foi um suspiro a anteceder a experiência totalitária e seu sonho de pureza racial. Já no Brasil, a obsessão pelo "outro lado" da civilização se dava de maneira talvez ainda mais complexa, porque no país a segregação nunca ganhou as formas claras que teria em outras partes do mundo. Só a um estrangeiro parece inusual que no Brasil o racismo seja vizinho das mais luxuosas fantasias da convivência racial. Em poucas palavras, a proximidade entre brancos e negros existe, sem que a linha que os separa seja sempre imediatamente visível.

Mas como pode o dilema racial brasileiro ajudar a entender Hélio Oiticica? Digamos que, no Brasil, a placa *Whites Only*, regrando o acesso a um lugar ou instituição, nunca foi exposta como nos Estados Unidos. Ela existe mas é parcialmente invisível e está operando em outros níveis da consciência, sem necessidade de mostrar-se completamente. Aqui podemos começar a compreender a aposta de Oiticica no *sensório* quando, já nos anos 1960, ele cria seus parangolés, penetráveis e instalações que têm o espectador como participante ativo. Era também o tempo de suas conhecidas incursões pelo morro da Mangueira.

Pode-se supor, em suma, que os parangolés e penetráveis são espaços que embaralham aquilo que não está explícito, criando uma produtiva confusão entre as linhas que demarcam os espaços sociais. Dito de outra forma, são obras não figurativas que, ao exigir a presença dos corpos mais diversos e ao embaralhar os seus lugares de origem, explicitam sub-repticiamente a separação que não está nem dita nem escrita na sociedade. Isso a despeito dos questionamentos possíveis sobre a equanimidade da relação do artista com seus parceiros na Mangueira.

O fato é que em Oiticica a mistura não é o resultado de simples idealização. Ao contrário, ela é a necessidade imperiosa da própria forma artística, que inexiste sem a presença ondulante do corpo. Há aí uma erótica da política, revelada na potência da fusão e da confusão dos corpos.

Como se, por meio dos parangolés, se pudesse descobrir o gozo momentâneo da ausência de limites: *folding the frame*, para lembrar o título do livro recente de Irene Small sobre Hélio Oiticica.[6]

Fora da moldura, o mundo

Se por um lado a história de um país de passado colonial e escravista explica, em boa parte, o desejo de Oiticica por realizar artisticamente a "mistura" e o embaralhamento dos corpos, por outro lado seria empobrecedor reduzir sua busca formal à pretensa solução de um problema social. No plano de sua experimentação com o corpóreo, há uma ampla resposta ao desafios artísticos de seu tempo no plano regional ou global.

Antes ainda que o vento da contracultura soprasse nos anos 1960, e antes que a experimentação radical na Nova York dos anos 1970 marcasse a fase final de sua carreira, sabe-se que o jovem Oiticica experimentou com o desenho, inspirando-se largamente em Klee, Malevich e Mondrian. É verdade que, mais maduro, ele frequentemente refutaria sua produção juvenil. Mas sabemos que a negação de seus anos de formação tem a ver com o discurso que os chamados neoconcretistas brasileiros assumiram a partir do final dos anos 1950, imaginando-se fundadores de uma nova sensibilidade artística. Tratava-se do grupo de Ferreira Gullar, Lygia Pape e Lygia Clark, que se entregaram ao exercício geométrico ao mesmo tempo que procuravam possibilitar ao espectador uma experiência expressiva que jamais prescindiria do corpo. Como sugere Adele Nelson no catálogo da recente exposição de Oiticica no Whitney Museum, para ele, assim como para muitos de sua geração, a liberdade das formas

---

6. Irene Small, *Hélio Oiticica: Folding the Frame*. Chicago: The University of Chicago Press, 2016.

era também a liberdade da imaginação, expressa no traço infantil, que era então revalorizado nos planos artístico e psicológico. Era também o momento em que o ateliê de Nise da Silveira, no Engenho de Dentro, permitia repensar a cura das patologias da mente ao explorar a expressividade dos pacientes, num diálogo amplo que incluía Ivan Serpa e Mário Pedrosa.[7]

Os anos 1950 foram ainda o tempo, para o jovem Oiticica, de um recuo ao sonho das vanguardas clássicas, com a manipulação radical das formas, de maneira a distanciá-las da convenção e dos limites da representação. Tempo em que a pintura engajada de Candido Portinari (cujos belos murais ainda hoje adornam o prédio das Nações Unidas em Manhattan) era colocada em xeque, por conter uma mensagem demasiado clara. No lugar da sentimentalidade do discurso propositivo, haveria que buscar os ritmos interiores, como se a arte pudesse fundar um novo espaço, ao invés de retratá-lo. Antes ainda dos experimentos da contracultura e da *body art*, o sensório se tornava cada vez mais relevante, manifestando-se nos materiais empregados, na sua textura, em sua presença real, a ser sentida e não apenas vista ou entendida. A arte nunca dependera tanto da matéria, e ela agora apontava, programaticamente, para a objetividade e a concretude do mundo.

Mas deixemos a fase de formação de Hélio Oiticica para trás. Em sua reflexão sobre a Tropicália e o próprio Oiticica, Guilherme Wisnik discutiu as famosas incursões do artista pela Mangueira, onde, entre outras buscas, ele foi aprender a dançar samba.[8] Afora o clichê que permitiria identificar aí o sabor tropical da dança exótica, há algo profundo em seu compromisso com a dança. Eram os anos 1960, quando a leitura sedenta de Nietzsche ajudava

....
7. Adele Nelson, "There Is No Repetition: Hélio Oiticica's Early Practice", in *Hélio Oiticica: To Organize Delirium*. Munique/Londres/Nova York: Prestel, 2016, pp. 43-56.

8. Guilherme Wisnik, "*Tropicália/Tropicalismo*: The Power of Multiplicity", in *Hélio Oiticica: To Organize Delirium*, op. cit., pp. 57-68.

a explodir a metafísica, evocando as potências demoníacas do corpo, num exorcismo que fazia da experimentação de todas as sensações possíveis o foco existencial de uma geração inteira. Seria também, em 1964, o momento em que o Brasil passaria de anos de democracia e experimentação social à condição de ditadura, apoiada pelo governo dos Estados Unidos, no contexto da Guerra Fria. Num momento de repressão em tantos níveis, a arte já não podia se sustentar fora de seu âmbito propriamente experimental. O inacabado recuperava sua potência, o espectador era questionado em sua posição passiva, e o museu se tornava um espaço tido como chato e obsoleto. É bem conhecido o episódio em que Oiticica leva os amigos da Mangueira, vestidos com seus parangolés, a uma exposição no Museu de Arte Moderna do Rio e eles são barrados pelos seguranças.

Expulsa do museu, a arte se libera, entregue ao mundo, livre da moldura que quer prendê-la.

As lindezas da matéria: o baseado e a luneta

Façamos agora um pequeno giro, que nos levará dessa aposta no concreto, que começa a se articular no pós-guerra, até uma questão muito relevante para Oiticica e sua geração, e que diz bastante sobre as condições da produção cultural no Brasil, até hoje.

Ainda segundo Guilherme Wisnik, as experiências de Oiticica na Mangueira, começando em 1964, alteraram sua visão de mundo, aprofundando "o sentido corporal dos seus trabalhos", levando-o "a questionar a idealidade geométrica formal em favor de uma materialidade precária e indeterminada, que se espelha na arquitetura orgânica das favelas e na trama improvisadamente labiríntica de suas vielas e 'quebradas'".[9]

....
9. *Ibidem.*

A arquitetura urbana da favela obedeceria a uma organicidade que não é simples resistência ao traçado retilíneo do plano modernista. Ninguém planejou as favelas com suas vielas, curvas improváveis, cantos e esconderijos. Digamos que, com as favelas do Rio de Janeiro, Jane Jacobs enfrenta Robert Moses num ringue tropical, e Jacobs, é claro, sai vitoriosa, com seu elogio do espaço público em seu desenrolar mais ou menos espontâneo. Mais do que a idealização do espaço cheio de problemas reais que é uma favela, haveria nelas uma lógica espacial e sensória a ser observada, sentida e replicada. Lógica elaborada, insista--se, a partir de uma materialidade *improvisada, labiríntica, indeterminada* e *precária*.[10]

Aqui, acredito termos chegado a um ponto em que o princípio composicional da arte de Oiticica tem algo a revelar sobre a história mais recente do Brasil e talvez possa dizer algo profundo sobre a história daquelas populações que, por todo o globo, enfrentam a precariedade e fazem dela um modo de vida, que pode ser também uma estética. A questão é que a ausência do planejamento férreo, bem como a inexistência de um controle rígido (sobre o espaço e o corpo, sobre a cidade e os cidadãos), não levam, necessariamente, à falência civilizacional. A precariedade pode não ser um déficit; ela talvez seja uma vantagem. Mas como crescer e governar sem planejar?

Sem fugir totalmente à pergunta, ressalte-se que o segredo da precariedade está na capacidade que ela tem de revelar a potência da invenção, apontando para a riqueza inesgotável da matéria. No filme *H.O.* (1979), de Ivan Cardoso, Oiticica declara, já de volta ao Brasil: "Eu passo a me conhecer através do que eu faço, porque na

....
10. Foi o que permitiu a Bruno Carvalho imaginar, quando o Rio de Janeiro ainda vivia a euforia de uma economia que se expandira consideravelmente na década anterior, que as favelas seriam, afinal, uma alternativa aos subúrbios de estilo norte-americano como a Barra da Tijuca. Bruno Carvalho, "A favela e sua hora", *piauí*. Rio de Janeiro, n. 67, abr. 2012, pp. 38-42.

realidade eu não sei o que eu sou. Se é invenção eu não posso saber. Se eu já soubesse o que seriam essas coisas elas não seriam mais invenção. Se elas são invenção, a existência delas é que possibilita a concreção da invenção."

O aparente caráter pleonástico dessas observações merece ser desdobrado. O conhecimento somente se dá no ato de ser, de existir. Não há conhecimento anterior ao experimento formal. Todo um universo de sabor cartesiano cai por terra, porque não há uma mente, ou uma estrutura cognitiva, que anteceda a sensação. O mundo existe porque é *tocado*, não porque é *pensado*.

Ainda na onda da contracultura, recordo Paulo Leminski, cuja obra pode ser pensada em paralelo ao projeto de Hélio Oiticica. Em *Catatau*, mistura de ensaio e novela, publicado em 1975, Leminski imagina um Descartes que teria vindo para as Américas com a armada holandesa que ocupou o Nordeste do Brasil em meados do século 17. No livro, o filósofo francês aparece com uma luneta numa mão e um baseado na outra, sentado sob uma palmeira pernambucana, a observar o mundo tropical que se desenrola, vigorosa e inutilmente, diante de si.

A experiência sensória inaugurada pela maconha libera a mente de Descartes do mandato autoimposto de compreender o mundo. Na suspensão momentânea do contrato racional, quando a Razão é distraída e sua vigilância é vencida ("distraídos venceremos") pelo convite relaxante da droga, o mundo deixa de ser um problema filosófico intrincado, para apenas fluir como um rio lento e contínuo. A melhor opção, obviamente, será mergulhar nesse rio, oferecendo ao corpo a possibilidade de sua própria redescoberta, que é também a reinvenção de seu contorno. Mais uma vez, trata-se de um exercício formal. As *formas*, no caso, são descobertas e inventadas por meio do movimento orgânico, nas ondas sinestésicas que levam o sujeito, desinvestido do peso da abstração, a boiar pelo mundo, como que numa cabotagem infinita e sem rumo pré-definido: uma deriva ontológica, para falar com os filósofos. Na deriva, novas percepções, novas epistemologias e mundos alternativos de repente se revelam e se legitimam. Mas a abstração das palavras é insuficiente diante da redescoberta sensória do mundo. As artes plásticas são mais incisivas: olhemos um corpo vestindo um parangolé para perceber que a brusquidão e a leveza nunca estiveram tão próximas. Leveza do contorno que se forma, e que de repente se desfaz, para que seja então novo contorno. O tecido, o plástico, as cores, o corpo mesmo (mas que corpo, de quem?), se dobram e desdobram ao sabor de um traçado que só existe no instante de sua execução.

Subitamente, a luneta de Descartes é obrigada a voltar--se para seu próprio corpo, redescoberto na onda extática de movimentos inesperados e imprevisíveis. "Vejo coisas: coisa vejo? Plantas comem carne. Besteiras dessas bestas cheias de bosta, vítimas das formas em que se manifestam, tal qual lobriguei tal dentro das entranhas de bichos de meios com mais recursos. E os aparelhos óticos, aparatos para meus disparates? Este mundo é feito da substância que brilha nas extremas lindezas da matéria."[11] É o que ouvimos de Renatus Cartesius, que em seguida, diante do poder fecundante (da lama ao caos) pernambucano, esgrima com sua herança racionalista, lembrando que "o primeiro florete que te cai na mão exibe o peso de todas as confusões". O que fazer quando repentinamente nos descobrimos com a matéria e toda a sua potencialidade nas mãos? "Tire a mão da consciência e meta a mão na consistência", é o que propõe Arnaldo Antunes, mais recentemente, em claro alinhamento com Leminski.

Mas o paralelo com o curitibano para por aí. Ironicamente, a droga de eleição de Oiticica não seria a maconha, e sim a cocaína, na ebuliente Nova York dos anos 1970. Trata-se de uma droga menos ligada ao rela-xamento, mas também geradora de espaços sensoriais novos, que dão origem às notáveis "cosmococas", que

....
11. Paulo Leminski, *Catatau*. São Paulo: Iluminuras, 2010, p. 18.

ele compôs com Neville d'Almeida. Lembro aliás de ter levado meus alunos de graduação de Princeton à exposição do Whitney Museum, em 2017. Todos se deitaram nos colchões espalhados pelo chão de uma cosmococa, felizes; mas um deles, temeroso, sentiu-se paralisado, incapaz de entregar o corpo à espuma. Que pensamentos nos separam de um mergulho como esse? — era o que eu me perguntava, enquanto observava a cena.

Pode ser útil retornar, aqui, aos anos de formação de Oiticica. Diante dos debates sobre a desmaterialização da arte, o jovem artista pretendia, como outros do chamado grupo neoconcreto brasileiro, buscar uma espécie de espaço energizado. Entretanto, a energia a ser trazida para dentro da obra de arte não seria jamais abstrata, esvaziada de conteúdo social. Eram os tempos que anunciavam o "poema-processo", quando se tentava também selar o compromisso com a matéria precária produzida nas periferias do mundo, naqueles espaços em que os artistas se embrenhariam, numa atitude que pouco tinha de missionária.

Ao contrário da potência salvacionista daqueles intelectuais que viam no "povo" o alvo de uma necessária conversão ideológica, artistas como Hélio Oiticica entravam na favela, digamos assim, com o juízo suspenso. Aprender a sambar com os cidadãos da Mangueira não era uma forma de aproximar-se de um alvo que se queria transformar. A ideia era deixar-se transformar, numa espécie de transe, de entrega ao balanço dos corpos, os quais, ao fim de tudo, desceriam o morro em seus parangolés festivos, reinvestidos de uma forma criada pelo artista no contato experiencial com a favela.

A cena do artista que sobe o morro e o transforma em obra de arte foi parodiada recentemente por Ricardo Lísias, em *A vista particular*.[12] Na ficção, o personagem principal entende que a transformação proposta pela arte depende contemporaneamente de uma mobilização massiva de

....
12. Ricardo Lísias, *A vista particular*. São Paulo: Alfaguara, 2016.

smartphones que flagram o artista descendo, nu, a ladeira do morro carioca. É como se o parangolé de Oiticica tivesse sido dispensado e restasse apenas a sociedade do espetáculo. No tecido das redes sociais contemporâneas teria se perdido aquela organicidade que, idealizada ou não, Oiticica viu e sentiu no morro da Mangueira, nas suas vielas, nos seus cantos, nas suas cores e nos seus sons.

Mas, diante dessa organicidade presumida, como resistir à idealização?

O mito do Outro

Comecemos a juntar os fios soltos.

No magnífico ensaio intitulado "Esquema geral da Nova Objetividade", escrito para a exposição de 1967 em que se exibiu *Tropicália*, Hélio Oiticica traça a genealogia dos esforços artísticos de sua geração. Em meio à justificativa da potência construtivista de uma arte que jogava o cavalete de lado, algo chama a atenção. Ao anunciar a publicação futura de uma *Teoria do parangolé*, Hélio ressalta o aspecto coletivo, social e lúdico do projeto, para então soletrar o que seria o seu principal motor: a "volta ao mito".

O tema é complexo. Em poucas e rápidas pinceladas, lembro que o mito era central para a discussão da política. A América Latina, em geral, enfrentava a resistência e a sedução diante de seus populismos. *Terra em transe*, o grande filme de Glauber Rocha lançado naquele mesmo ano de 1967 e tido como detonador do movimento tropicalista, é uma evocação das relações conflituosas entre o intelectual e o povo, mas é também uma reflexão sobre o carisma e sobre o poder periclitante do mito na sociedade contemporânea. Mito que se discutia, é importante lembrar, à sombra da Revolução Cubana.

De qualquer forma, aproximar-se do povo era o desejo de uma contaminação reversa para os intelectuais, ou seja, a vontade de deixar-se penetrar pelo Outro. Não são poucas as idealizações que resultam desse desejo, como aliás de qualquer desejo. O papel do mito, como ficcionalização das potências da coletividade, é central para compreender a sempre protelada fusão com o Outro. Afinal, ao reter o feixe de todas as pulsões num lampejo poético, o mito faz supor que a história de todos possa ser uma só, mesmo que num instante fugaz, e sem que as tensões se aliviem, necessariamente. Ou talvez aí se explicite o problema do herói trágico, que tanto atraiu Oiticica em suas considerações sobre a lírica de Bob Dylan reinterpretada por Jimi Hendrix, e o papel de Hendrix como aquele que, ateando fogo à própria guitarra, perfez o rito da extinção do artista diante da plateia, como observou agudamente Sérgio Martins.[13] Trata-se de uma noção de síntese que vinha sendo trabalhada por Oiticica, e que o levou a imaginar sua própria obra como música ("o que faço é música"). Longe de apontar para um outro mundo, essa arte-música seria a redescoberta, a partir do corpo, das potencialidades concretas do universo, ou a "síntese dos sentidos aliada à libertação do comportamento", para falar com Paula Braga.[14]

Não se trata apenas de um impulso totalizante, mas sim de um trabalho lento de recomposição daquilo que se rompe no dia a dia, isto é, a sempre adiada unidade do coletivo, como se o artista se guiasse, errante, pela ponte que separa as pessoas e as distancia em espaços diversos. Como se à arte coubesse, ainda e sempre, tentar juntar ou simplesmente imaginar aquilo que se apresenta tragicamente rompido diante de nós. Em termos que explicitam o dilema social contemporâneo em nível global, são as eternas caravanas que vêm sabe-se lá de onde para apavorar a nossa tribo. Jogo aqui, já se terá notado, com as

....
13. Sérgio B. Martins, "O pensamento-rock de Hélio Oiticica". *Rádio Batuta*. http://radiobatuta.com.br/programa/o-pensamento--rock-de-helio-oiticica-por-sergio-martins/.
14. Paula Braga, "A cor da música: há uma metafísica em Hélio Oiticica", *Ars*. São Paulo, v. 15, n. 30, out. 2017, pp. 49-62.

imagens com as quais um artista tido como distante da Tropicália, Chico Buarque, tratou o mesmíssimo problema em seu álbum recente, *Caravanas*, em que a lírica e a política caminham em paralelo, buscando aliviar o eterno peso da separação. Na canção-título, as "caravanas" trazem gente das quebradas, com seus "negros torsos nus" apavorando a "gente ordeira e virtuosa", a qual, cheia de temor, pede à polícia que despache os intrusos de volta para a favela, para a Benguela ou para a Guiné. Torrando a moleira sob o sol, os suburbanos se encontram a caminho do Jardim de Alá, prontos para um arrastão épico, enquanto as prisões produzem uma estranha "zoeira", um barulho surdo e infernal. Mas quem sabe — canta a voz lírica — estejamos apenas doidos, a escutar vozes.

Como sugere Silviano Santiago, que conviveu com Oiticica na Nova York dos anos 1970, o princípio anárquico de Hélio, que nele se aliava à mais rigorosa ordem, talvez proviesse do avô, o líder anarquista José Oiticica. Com respeito à ordem, o problema é que o golpe militar de 1964 traçara uma linha que separava e opunha o desejo individual e a busca coletiva. A arte de Oiticica, ainda segundo Silviano, procurava *suturar* essa divisão. Para Hélio, "a unidade do desejo de ordem para o sujeito" era também a "afirmação de liberdade para todos".[15] A realização de um era condição para a realização de todos.

Se fosse possível reduzi-la a uma única explicação, a solução tropicalista para o acercamento do povo tem a ver com aquilo que Oiticica chamara, no ensaio de 1967, de "aproximação participante", o que pode ser lido de muitas formas. A participação não era de mão única; tratava-se, ainda segundo Oiticica, de uma "volta ao mundo", com o regresso àquela realidade social de que a arte teria fugido. Mas como regressar àquilo de que se separou? Do ponto

....
15. Silviano Santiago, "Hélio Oiticica em Manhattan", *Peixe-elétrico*. São Paulo, n. 5, 2016.

de vista artístico, como fazer com que a plateia deixe de ser simples plateia? Como regressar a ela?

A senha era a criação de uma "arte coletiva", segundo a expressão da época. O lugar do povo não seria mais o de figurante numa grande narrativa salvacionista. Aqui, Oiticica anuncia uma inflexão em relação à senda que seria tomada por Caetano e Gil, cuja produção respondia criativamente ao aspecto regenerador do mercado. Em confluência com a arte pop, Caetano e outros driblariam a autocensura que proibia o intelectual de se aproximar do que era consumido e *desejado* pelas massas. A televisão, o show business e a imprensa popular passavam a ser reagentes no laboratório tropicalista.

O problema é dos anos 1960, mas é igualmente nosso, mais do que nunca. As duas últimas décadas — ao menos até que a alucinante debacle da era petista nos conduzisse à atual encrenca — chegaram a fazer crer que alguns dos tradicionais fossos da sociedade brasileira seriam abolidos, ou pelo menos franqueados por novos sujeitos políticos. A mobilidade social não era apenas o resultado de políticas públicas. Não foram poucos os que imaginaram que desse quadro emergiria um novo cidadão. Mas a aliança entre consumo e desejo nunca foi engolida pela parte mais tradicional das esquerdas — aquela, justamente, que ainda hoje vê com suspeita o impulso tropicalista e seu flerte com o universo do consumo de massa. É como se, no fundo do olhar cético diante do rumo das coisas, se ouvisse a sentença insidiosa do intelectual: entregue a si mesmo, o povo não sabe o que quer, porque não tem força para resistir ao mercado.

Mas o que quer esse povo? E por que ele deveria resistir ao mercado? Que monstro foi criado com a ampliação inédita do consumo? E agora que o poder de consumir se retrai vigorosamente? O que fazer do desejo diante do mercado? De suas promessas nunca cumpridas? Que novas formas de culto e que experiências comunitárias se organizam em torno dos valores do mercado? Por que rejeitá-las? Devemos (ou podemos) reagir ao contemporâneo? Mas é disso que se fala quando se manuseia a matéria do mundo para emprestar-lhe novas formas?

O mergulho do artista no mundo é quase sempre uma tentativa de encurtar distâncias angustiantes. Antes ainda que o lugar de fala se impusesse na agenda política e cultural, a *distância* marcava a possibilidade mesma do discurso. Falar é sempre diferenciar-se, e a arte vive desse dilema, ao tentar organizar o movimento delirante do universo, caindo nele para em seguida erguer-se cheia de novas ideias e de novas dúvidas. A renovação que daí advém não é mística nem necessariamente regeneradora, mas talvez ela ensine que o exercício com as formas, proposto por Oiticica e sua geração, nunca deixou de ser uma pergunta sobre os lugares sociais, sobre as hierarquias e sobre aquilo que os sujeitos políticos manipulam no seu dia a dia, bem longe da épica das revoluções.

O mundo que vaza

O salto entre Hélio Oiticica e Daniela Thomas pode parecer abrupto. Mas não é, se pensarmos que certa poética da precariedade e do cotidiano preside as reflexões sobre a forma em ambos os casos. É verdade que a metáfora da gambiarra sugere a leveza irresponsável das soluções temporárias, o que está muito distante da concentração e da ética do trabalho que, afinal, levam à experimentação formal que está em Oiticica e que está também na montagem de um espetáculo como a abertura da Olimpíada. É claro também que o luxuoso painel olímpico montado em 2016, em meio à crise aguda do país, não deixa de ser uma grande alegoria, enquanto o trabalho de Hélio Oiticica parece se afastar de qualquer explicitação do sentido. Mas em ambos os casos é razoável supor que se está enfrentando a precariedade num nível igualmente profundo: é com os materiais do dia a dia que se criam novas sensações que levam à releitura do mundo numa chave lúdica, como se o universo inteiro pudesse iluminar-se instantaneamente por meio da arte. Assim postulada, a redescoberta do mundo refuta o racionalismo extremado e o planejamento férreo, aproximando o artista dos dilemas sociais que, ao fim e ao cabo, nunca deixaram de tentá-lo, fornecendo-lhe o que é, de fato e de direito, o seu barro.

No início deste ensaio, quando sugeri que, ao evocar a potência da gambiarra, Daniela Thomas revisitava os princípios composicionais de Hélio Oiticica, eu me referia ao passo fundamental que faz o artista buscar em volta de si os materiais que o levarão a compor a obra. O nó da questão está no fato de que o gesto artístico não obedece então a um plano rígido, ou a uma concepção apriorística que será perseguida a qualquer custo, como quando temos uma ideia fixa. As ideias, digamos assim, caem por terra (metáfora que, considerando os experimentos de Oiticica, poderia ser tomada literalmente). Lida-se, em suma, com a concretude que nos cerca, e o artista se vale da lógica composicional da própria matéria e de seus convites imperiosos, como aquele florete que permitiu ao Descartes de Leminski sopesar a mais complexa e estranha das mecânicas: o peso de todas as confusões.

Trata-se de um dilema ético diante do peso do mundo? Talvez. Mas, se assim for, será preciso dizer que o peso do mundo não é, neste caso, uma simples metáfora existencial. O mundo *pesa* porque se impõe com sua matéria, e a saída artística não está em escapar rumo à forma anelada, mas sim em manipular o concreto, em meio ao qual se gestam o sonho e o pesadelo. Ou seja, é preciso entregar-se àquilo que se projeta vertiginosamente diante de nós. Muitas vezes, a matéria aparentemente incontrolável que encaramos vai contra os melhores desejos, especialmente num país cuja sina tropical parece fonte inesgotável para a fantasia de intelectuais e artistas.

É aqui que eu gostaria de regressar à menção inicial a *Vazante* e às críticas que o filme tem recebido. O retrato de uma fazenda na decadente zona diamantina do começo do século 19 é também uma reflexão sobre os lugares sociais e sobre a possibilidade, afinal precária, de encontrar sentido no mais violento dos cotidianos. No caso da maioria dos personagens, trata-se apenas de traçar a linha de sobrevivência diante da violência que emana do patriarca e desce em cascata sobre todos, atingindo uns mais que outros. Mas há o caso extraordinário de Feliciana, a escravizada que vive entre a casa e a senzala. Seu corpo vilmente negociado não é um objeto inerte jogado entre paixões discordantes. Nela está o xis do problema: a proximidade violenta dos polos, assim como a densidade afetiva e a complexidade da vida de quem sofre. Não termino nunca de pensar nela e em seu nome.

Quando Daniela Thomas mostrou seu filme em Princeton, em novembro de 2017, a discussão que se seguiu à projeção foi certamente mais amena (embora não totalmente) que a maioria dos debates no Brasil. Ainda assim, me surpreendeu que ela encarasse com serenidade o fato de que o filme venha arrastando consigo questões e paixões cujo alcance ela não previra. Mas não deixa de ser interessante que se discuta a falta de protagonismo negro num filme em que Feliciana é o elo central da equação que mantém a história em tenso equilíbrio. A atuação soberba de Jai Baptista tem me levado a refletir sobre o que se vê e o que não se vê, sempre que uma personagem dessa magnitude opera com poucas palavras.

Espero não estar utilizando levianamente a noção de precariedade. São vidas que estão em jogo numa sociedade em que a garantia da soberania sobre o corpo está em crise, especialmente quando a inclusão social falha no plano das políticas públicas e da política econômica. É inevitável que tal falha ponha a funcionar velhos mecanismos de exclusão simbólica e real, fortalecendo o racismo que a grande fábula da convivência tropical tentou um dia esconder.

A questão é que a precariedade em que fomos lançados — institucional, econômica, psicológica — não parece mais permitir que a fabulação artística, venha ela de onde for, produzida por quem quer que seja, rebaixe as diferenças. É tempo de falar das fissuras e das feridas, agora que os artistas mais diversos têm diante de si um material tão rico e tão imprestável quanto os escombros malditos do escravismo e do colonialismo que ainda hoje assombram. O poder do sujeito, em todo caso, é condicionado por sua condição precária, que pode funcionar como freio mas também como motor.

O fato é que ninguém mais consegue guiar-se por qualquer idealização, e talvez isso seja bom. Toda potência se guarda, por assim dizer, na matéria confusa em que estão metidos os mais diversos agentes políticos, cujo acesso aos meios de produção da arte é diferente de acordo com a posição de cada um. É importante lembrar que as formas com que lida o artista não são jamais trabalhadas no vazio, como bem alertava Oiticica e como sugere a obra de Daniela Thomas. É na tensão do espaço social, travejado por diferenças e por acertos de contas imemoriais — a um só tempo reais e fantasiosos, como sempre são os acertos de contas ancestrais —, que vai se resolver a parada.

Enfim, terá chegado o momento de encarar que a produção das diferenças pelo discurso é mesmo incontornável, especialmente agora que elas são enunciadas dos dois lados da equação, ou melhor, de todos os lados da mais complexa das equações. Trata-se de uma complicada matemática de acertos, cobranças e ajustes, como se o saldo histórico das desigualdades sociais devesse ser resolvido de uma vez por todas. Em meio a essa produtiva confusão, ocupar um espaço ativo (talvez mesmo altivo) depende da aceitação do risco da precariedade. A política, num momento assim, resume-se talvez à capacidade de continuar produzindo em meio à adversidade, fazendo algo com aquilo que se tem de mais precário e, portanto, de mais precioso. Cabe à mão agarrar o que estiver ao seu alcance.

Se por um lado não convém reduzir o futuro a uma simples gambiarra, por outro lado o poder da precariedade é o motor de qualquer gesto que aponte para o novo. O impasse é gigantesco e repõe a pergunta inicial: o que fazer com o que se tem à mão, ou como lidar com a porcaria que somos?

O que vem pela frente a gente nunca sabe. Mas considerando tudo o que vem acontecendo até agora no Brasil, talvez possamos deixar o pessimismo de lado, por um instantezinho que seja. Não surpreende que, como na canção, estejamos a ouvir vozes. Já era hora.

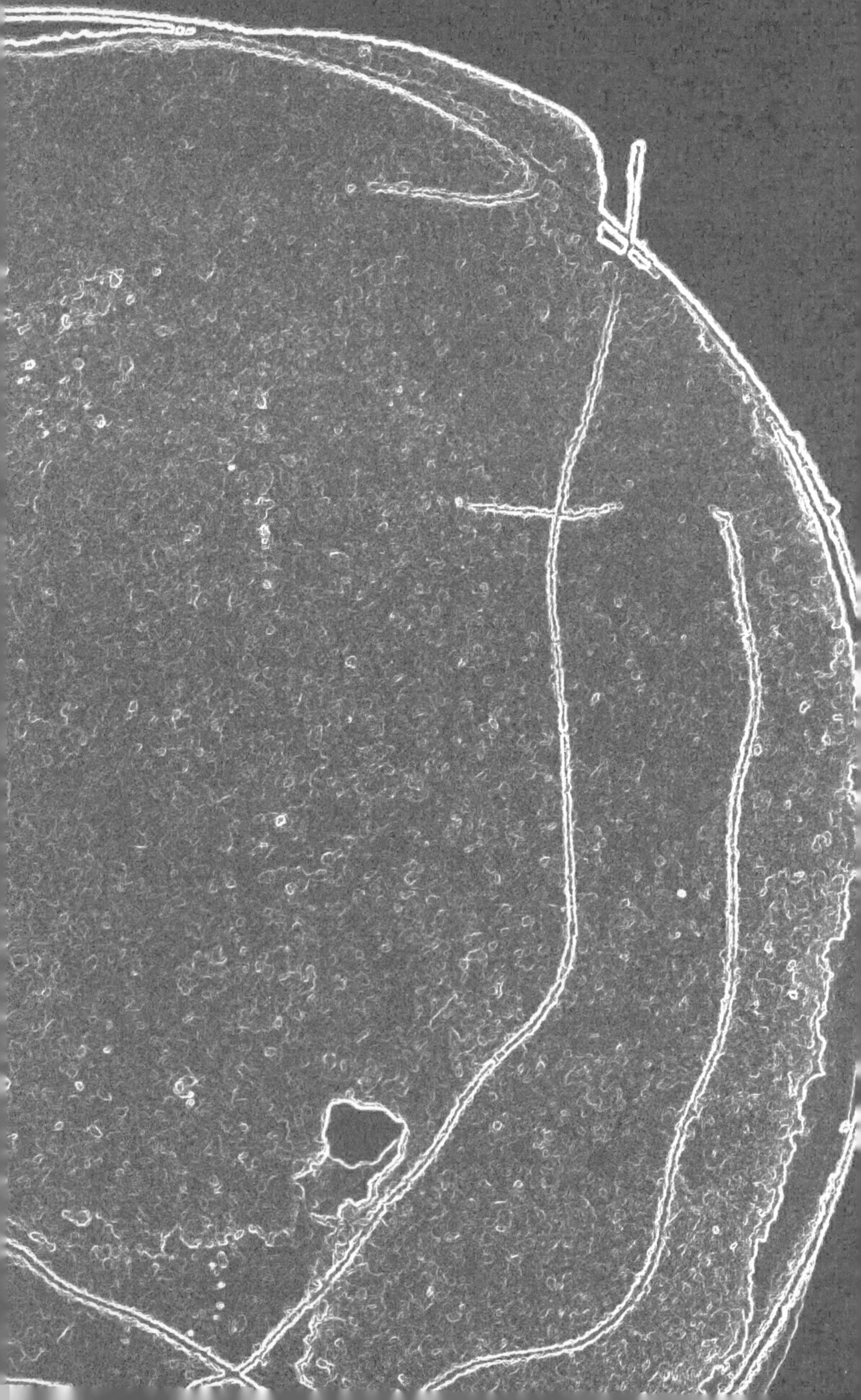

A Bahia tem um jeito
(para o Brasil)

Pena vadia, agosto de 2017. O texto se origina na visita que fiz, com Andréa de Castro Melloni e João Biehl, à Universidade Federal do Sul da Bahia, onde então se implantava, sob o reitorado de Naomar Almeida Filho, um interessantíssimo projeto pedagógico inspirado nas ideias de Anísio Teixeira. O ensaio ganhou fôlego e circulou bastante pela rede, talvez porque dissesse então algo sobre um último momento utópico do ciclo de expansão da universidade pública brasileira, que marcara a década anterior e se encerrava brutalmente no momento da nossa visita.

No fim de julho [de 2017], eu e dois colegas de Princeton visitamos a Universidade Federal do Sul da Bahia (UFSB). Estivemos em dois de seus campi — Itabuna e Porto Seguro — e em alguns dos inúmeros galhos que a universidade cultiva na região. São colégios universitários como o de Coaraci e escolas como o CIEPS (Complexo Integrado de Educação de Porto Seguro). Isso sem contar a presença da universidade em aldeias indígenas como a dos pataxós, que visitamos em Porto Seguro, ou o assentamento Terra Vista, em Arataca.

A UFSB é uma universidade que aponta, vigorosamente, para sua função social e para a excelência acadêmica. É um balanço vertiginoso, nem sempre resolvido, espécie de sintoma que parece expor a grande contradição destes tempos de refluxo, no Brasil, dos projetos sociais e dos valores republicanos: inclusão *e* excelência, inclusão *ou* excelência?

O entusiasmo dos alunos é contagiante. Expressões como "currículo integrado", "universidade popular" e "bacharelado interdisciplinar" estão no ar, tanto na fala das pessoas quanto nos prédios. Nunca vimos tanto "conteúdo" como nas paredes de lá. É como se a instituição se inscrevesse a si mesma, lavrando a própria pele, nos cartazes que se estendem pelos corredores, tentando dar conta de sua missão: incluir e integrar.

Se a ilha da utopia é apenas uma ficção, a ficção é a fôrma em que se molda o novo. Não deixa de ser irônico que a UFSB se erga exatamente onde se pensa que o Brasil começou. A diferença é que as muitas "teias" que a universidade cultiva incluem, claramente, aqueles que foram deixados à margem dos retratos oficiais da pátria: indígenas, negros, pobres, trabalhadores, mulheres... Toda a linhagem dos deserdados ressurge nas faces que vimos e nas falas que ouvimos, entre impressionados e emocionados.

(Estatística crua: são mais de 80% de cotas na universidade, baseadas em critérios múltiplos [pretos, indígenas etc.], que respondem exatamente à demografia da região. A filosofia é cristalina: se esse é o retrato do local, por que não replicá-lo no corpo discente? Mas o que acontece quando nos vemos na foto depois de haver incluído a todos? Como lidar com a imagem desconcertante do que somos?)

É impossível sair do lugar de onde se fala. Éramos três professores de Princeton, enfrentando a desconfiança (justa) por nossa procedência, ao mesmo tempo em que, suponho, despertávamos curiosidade pelo nosso interesse (por que estávamos ali, e não nas universidades "centrais"?). Não importa quantas vezes dissemos que Princeton tem se preocupado em diversificar seu corpo discente, ou que temos, em nossas salas de aula, estudantes de primeira geração, indocumentados, gente humilde lutando para "navegar" um ambiente de elite que pode ser apavorante, com seu discurso de excelência e seu inevitável ar de superioridade. Não importa. A nossa presença era estranha naquele lugar, talvez mesmo um pouco suspeita.

A primeira turma da UFSB ingressou em 2014 e está agora cursando o terceiro ano do primeiro ciclo, preparando-se para novos saltos rumo à especialização e à profissionalização. O modelo da universidade é uma mistura curiosa, que vai buscar um pouco da filosofia que guiou o acordo de Bolonha (que vem redesenhando o ensino superior europeu desde a última década) e o sistema norte-americano com sua formação básica e áreas de especialização escolhidas apenas ao longo do curso.

Como se lê na "Carta de Fundação" da universidade: "No plano curricular, o Estatuto incorpora o sistema de ciclos de formação, com base em modalidades inovadoras de graduação no Primeiro Ciclo (Bacharelado Interdisciplinar e Licenciatura Interdisciplinar). No Segundo Ciclo, posicionam-se formações profissionais e acadêmicas no nível de graduação; no Terceiro Ciclo, predominam mestrados profissionais, acoplados a Residências redefinidas como ensino em serviço, em todos os campos de formação".

Trocando em miúdos, o aluno entra *na universidade*, sem a escolha prévia de um curso, e só depois define sua área de especialização e de formação profissional.

Resumindo bastante o que é uma complexa engenharia institucional e pedagógica, trata-se de promover uma educação que supere os marcos disciplinares rígidos, mas que drible também o gargalo cruel dos exames de admissão. Suponhamos que uma menina negra, de família muito humilde, consiga entrar num dos colégios universitários que se instalaram em cidadezinhas antes isoladas (os "colégios universitários" contemplam o primeiro ciclo da graduação e formam uma rede de integração social significativamente batizada de "Rede Anísio Teixeira"). Após três anos cursando a grade multidisciplinar do primeiro ciclo, aberta irrestritamente a todos os alunos ingressantes, tal menina poderá, por exemplo, enfrentar o "gargalo" do curso de medicina muito mais qualificada do que se tivesse que enfrentá-lo quando de sua entrada no primeiro ano da universidade. Afinal, a etapa profissionalizante da formação se dá somente a partir do segundo ciclo. Quando visitamos a UFSB, os critérios para a entrada no segundo ciclo, em cada uma das diferentes áreas de especialização, eram objeto de acaloradas discussões: que porcentagens de cotas sociais e raciais devem valer nesse segundo corte, agora que os cursos profissionalizantes estarão em disputa?

Na verdade, essa hipotética menina negra, de família humilde (e quantas não hipotéticas meninas nós vimos...), jamais sonharia entrar num curso concorrido como medicina. Ao dar forma a um nível básico universal e transdisciplinar, o primeiro ciclo oferece o degrau que faltava àquela jovem para enfrentar o desafio de projetar-se numa carreira socialmente prestigiada. Em suma, o bacharelado interdisciplinar no primeiro ciclo permite transferir as vagas, tradicionalmente loteadas por um grupo privilegiado, para aqueles que estiveram sempre fora do sistema.

É uma revolução? É... É simples, assim? Não, não é... Claro que não é simples. Os desafios são imensos e, acima de tudo, o projeto foi pego no contrapé da crise e do golpe parlamentar que resultou no impeachment de Dilma Rousseff, em 2016. A UFSB foi a última universidade federal implantada antes que o país fosse jogado na bacia das almas em que seu futuro é vendido a preço de banana. Ironicamente, escrevo estas linhas cheias de esperança ao mesmo tempo em que se anuncia mais um gigantesco corte de recursos, que compromete o funcionamento e o futuro das universidades federais.

A falta de investimentos, ainda que enfrentada galhardamente por uma gestão que faz milagre com o pouco que tem, é gritante. Mas tudo é paradoxal na UFSB. Os professores têm alto nível de formação e ao mesmo tempo têm que enfrentar uma dupla precariedade, tanto a da infraestrutura quanto a das carências gigantescas que um alunado "universal" naturalmente traz.

Os poucos dias que passamos com os admiráveis colegas, alunos e funcionários da UFSB não foram suficientes, é claro, para nos dar uma ideia precisa do que eles estão experimentando com a crise. Mas foram suficientes para nos brindar com o sabor de um dilema: excelência acadêmica ou universidade popular?

O projeto da atual reitoria quer enfrentar o dilema e substituir a conjunção alternativa (excelência *ou* povo) por uma conjunção aditiva (excelência *e* povo). O problema é imenso e imagino que dê azo aos mais acesos debates. Na simples mudança da conjunção se explicitam os desafios de uma instituição que resolveu abrigar em seu seio aqueles que foram historicamente mantidos longe dos primeiros degraus da escada social. Abusando de uma caricatura (embora eu suspeite que a UFSB tenha tornado inúmeras caricaturas, realidade), trata-se da velha questão: a filha do faxineiro aparecerá, à noite, na mesma sala de aula que seu pai limpou à tarde?

Mas quem se dispõe a enfrentar a precariedade da formação, o letramento incompleto, o "capital cultural" baixíssimo dos filhos e das filhas da classe trabalhadora brasileira? Não há algo de missionário em cada um dos colegas da UFSB? E não é fácil (talvez hipócrita) admirar o desprendimento e a abnegação do corpo docente, quando o que vivemos foram apenas três dias de uma visita de resto maravilhosa? Afinal de contas, muito em breve eu e meus colegas estaremos de volta ao nosso idílico campus em Nova Jérsei, que é um ambiente cheio de privilégios e de recursos abundantes, quando comparado ao Brasil.

São questões que levamos conosco, em mais de um sentido. Em parte, nossa curiosidade diante da UFSB tem a ver com a angústia que sentimos ao ver o Brasil de longe e perceber que o projeto inclusivo da última década vai sendo combatido e programaticamente desmontado no plano federal. Isso sem contar o preocupante ressurgimento de valores antirrepublicanos que julgávamos enterrados ou amortecidos, e que saíram da toca com uma força insuspeitada, como se a Constituição de 1988 tivesse sido apenas um obstáculo erguido e agora pronto a ser derrubado. No Brasil de hoje, o "fascismo" já não é apenas força de expressão.

A espiral da violência urbana e rural tem seu correlato, ao que tudo indica, na vertigem que leva o país à direita, o que é um tema complexo, que não me cabe aqui discutir. Apenas registro que a nossa tímida aproximação não se explica fora de um interesse pelo que a crise brasileira e mundial vai gerando de novo e resistente, a contrapelo e para surpresa de muitos. A despeito da contrariedade e das adversidades, a teia de valores que se costura no sul da Bahia, em torno de um projeto como o da UFSB, é admirável. Dá mesmo vontade de testar essa malha, apertá-la, observar seus nós, experimentar seu balanço. Não há dúvida de que os solavancos são muitos, mas é uma rede necessária, vital para os que ainda acreditamos na democracia e na inclusão social, em qualquer parte do mundo.[1]

Corro o risco de estar idealizando. Mas quem pode passar uma semana no sul da Bahia sem voltar fazendo malabarismo com as ideias...? Deixando que a imaginação corra solta, pergunto-me o que será da universidade e da região em alguns anos. Havia uma dinâmica de sonhos no ar. Em Porto Seguro, ouvimos dos responsáveis pela escola de ensino médio, completamente mudada e reformada, que "nós fomos sonhados" pela UFSB. Os lindos projetos dos alunos, suas falas, o calor e o vigor de seus desejos, vibravam no ar, palpáveis. Ou — mais uma vez — estavam nas paredes, como vimos na impressionante exibição de desenhos ao longo do corredor que nos levava à sala de aula, onde nos reunimos com professores e estudantes. A aula, aliás, começava sempre fora da sala de aula.

"Alegria" e "solidariedade" estão na "Carta de Fundação" da universidade, ao lado da defesa de uma noção clara de autonomia, na esteira da criação das universidades modernas, no pós-Iluminismo. Não é pouca coisa. Faz também pensar nos sonhos libertários dos anos 1960, abafados pela ditadura, no Brasil. Faz pensar em Hélio Oiticica e sua defesa de uma sensibilidade tecida nas "quebradas" do mundo, atenta aos saberes locais, propondo que as *luzes*

....
1. **Not a Translator's Note:** the *teia* (web, woof, cloth) becomes a *malha* (mesh), which in turn becomes a *rede* (network, hammock). One tests the knots by lying down, surrendering one's body — this in a generous interpretation, where some might see an irresistible laziness disguised as troubleshooting. And yet the *solavancos* (jolts) give me pause: is the body in the hammock being carried? And if so, on whose shoulders?

afinal cheguem não como salvaguarda absoluta da civilização, mas como instrumento a serviço do sujeito que quer emancipar-se. Mas há que lembrar que os iluministas se encantaram pela dimensão individual da autonomia, e o que está em jogo, hoje mais que nunca, é a dimensão coletiva de uma sempre protelada libertação.

De fato, corremos o risco de estar sonhando. O dia a dia aponta para outras demandas e urgências, para carências e muros intransponíveis. A realidade dura não se reduz à idealização de quem vê tudo de fora. Mas não será justo dizer que o Brasil está suspenso diante desse sonho? O impasse civilizacional que se vive em nível mundial tem a ver com o esgotamento de um modelo de exploração insustentável. Os freios ao avanço impiedoso do dinheiro estão, ainda e sempre, escondidos nas formas de resistência local, de populações inteiras cujo potencial o atual modelo destrói estupidamente. (De repente, noto que estou abusando dos advérbios e dos adjetivos; é sinal de que o sonho se aproxima do delírio.)

Talvez seja uma fantasia pesada demais para carregar, essa da liberação. (Insisto que é fácil sonhar, quando a realização do sonho pesa nas costas dos outros.) Mas o que está acontecendo no sul da Bahia dispara, de fato, a imaginação de melhores tempos. A noite que passamos com os estudantes do Colégio Universitário de Coaraci foi inesquecível, dentre vários outros momentos em que nos emocionamos tanto. Inquiridos sobre a experiência universitária, os alunos que ouvimos, sem exceção, disseram que seu desejo é mesmo "fazer pesquisa".

Perguntamos que tipo de pesquisa tinham em mente, e meu colega João Biehl me confidenciou mais tarde que esperava respostas ligadas à dor e ao sacrifício: epidemias, violência na região, carências de todos os nomes. Diferentemente, as respostas apontavam para a identidade do lugar: quem somos, como entender de onde viemos, mas também os caminhos ainda não trilhados. Havia um impulso afirmativo onde esperávamos a queixa; era o *plus* aparecendo, onde prevíramos apenas o *déficit*. Foi quando soubemos de um fantástico projeto de recuperação da história de um rio da região, agora morto e seco, mas reativado, na memória local, pela pesquisa dos estudantes. Ouvimos também sobre a trajetória de uma banda dali, que foi do metal mais pesado ao blues, ao jazz e à MPB, em pura interrogação musical. *Pesquisa*, na boca dos estudantes, é a senha de uma janela insuspeitada para o mundo. No sul da Bahia, Paulo Freire tornou-se muito mais que um nome.

Divertimo-nos muito com os estudantes. Era encantador ouvi-los, enquanto o reitor da universidade manejava, como um menino diante de seu videogame novo, o sistema de transmissão simultânea da nossa aula, que era acompanhada "em tempo real" por alunos e colegas de outros campi e colégios universitários. Lembrei então dos galos do poema de João Cabral de Melo Neto: "[...] e de outros galos/ que com muitos outros galos se cruzem/ os fios de sol de seus gritos de galo,/ para que a manhã, desde uma teia tênue,/ se vá tecendo, entre todos os galos."

Em Porto Seguro, perguntei sobre como enfrentar o dilema do "empreendedorismo". Por um lado, os jovens decanos (mais uma contradição em termos que nos oferece o sul da Bahia...) dividiam seu entusiasmo com a possibilidade de implantar incubadoras de pequenas empresas na região. De meu lado, franzi a testa e perguntei: mas se os valores defendidos a ferro e fogo pela universidade apontam para o coletivo e para os saberes locais, não haverá algo contraditório nessa aposta no sucesso individual, que a noção de "empreendedorismo" inevitavelmente carrega? A questão gerou um saudável debate, mas a resposta, ao fim, foi clara e incisiva: o que deveria nascer das incubadoras não é a "empresa", num sentido convencional de exploração e acumulação, mas sim a potencialização das iniciativas baseadas nos saberes locais, nas práticas e na vida de populações que vivem ali há muito tempo.

Recordo ainda o nosso encanto, quando entendemos que os cientistas, que se dedicam à extraordinária faixa de coral do mar da região, podiam trabalhar em conjunto com os docentes e alunos de Artes e de Humanidades. Afinal, que narrativas orais sustentam, também, a existência daquele bioma? O que as populações locais têm a dizer, a aprender e a ensinar? O que elas contam a respeito daquele lugar? Como o reinventam cotidianamente? De repente, pude me ver dando uma aula de literatura sobre os corais, entendendo-os como um ambiente integrado de que não estão ausentes as pessoas e suas estórias. Afinal, o Antropoceno não está aí, forçando-nos a lembrar que somos parte inevitável da paisagem: nós-cientistas, nós--professores, nós-alunos, nós-comunidade? Trata-se, no fim de tudo, de sustentar uma ideia de cidadania universal, colocando a "eficiência" a serviço de uma causa final que contempla não apenas a eficácia, mas também a equidade.

(A quem tenha chegado até aqui e se interesse pelo tema, a "Carta de Fundação e Estatuto" da UFSB é uma verdadeira aula de filosofia, que se diz kantiana e aristotélica, mas que a mim não me engana, porque há nela uma alegria nietzschiana muito evidente, como se filosofar só fosse possível quando se dança: http://ufsb.edu.br/wp-content/uploads/2015/06/Carta-e-Estatuto.pdf.)

Teia, novas epistemologias, rede: todas expressões correntes, nos corredores da UFSB, onde há algo no ar... Mas não é só lá, é claro. A equidade, as propostas de currículos integrados e a mobilidade social, assim como o enfrentamento vigoroso da questão das cotas, vão aos poucos se impondo à agenda de muitas universidades. Por paradoxal que possa parecer, é possível que estejamos diante de uma pequena revolução em curso, justamente agora que o país deu essa guinada estranha para a direita. É mesmo de se imaginar que o Brasil esteja *suspenso*, e que os dilemas e os enormes desafios enfrentados pela UFSB sejam uma espécie de laboratório do que está por vir.

Mas virá algo novo, do meio da crise mais acirrada? Dá vontade de responder, de chofre, com o verso barroco do poeta: *virá que eu vi*. E será lá na Bahia.

Onde estão as mãos pretas (Caetano Veloso)

> *Blog Peixe-elétrico*, janeiro de 2018. A propósito de um comentário de Bruno Torturra desaparecido da internet, da polêmica sobre o filme *Vazante*, de Daniela Thomas, e de um velho texto sobre Caetano Veloso e os tambores. A introdução foi revista para este livro.

Com o fôlego ainda meio suspenso pelo impacto que me causou *Vazante*, resolvi retomar um texto que escrevi há bastante tempo, parcialmente em inglês, e que agora devolvo ao português, tentando atualizá-lo aqui e ali.

Mas antes devo dizer que gostei do que escreveu Bruno Torturra, logo após assistir ao filme de Daniela Thomas. Seu comentário sumiu da internet, e foi uma sorte que eu o tenha lido e guardado:

> Toda a questão sobre a falta de subjetividade ou complexidade nos personagens negros, todos escravizados [nem todos, é verdade], realmente não faz sentido para mim. São pouquíssimos diálogos em um tempo lento que consome a autonomia, a humanidade, as relações e a felicidade de todos naquele engenho. Para mim o filme trata, entre tantas outras coisas, justamente de subjetividades esmagadas pela brutalidade — expressas em um retrato íntimo e cotidiano de 1821 — que marcou nossa história, tantas vezes vista apenas de cima.

Importa pensar no sentido do que aconteceu no 50º Festival de Brasília do Cinema Brasileiro, quando a diretora foi duramente criticada, mas também no grito que está na garganta de muita gente. De toda forma, tenho a sensação de que tem faltado dizer que *Vazante* é igualmente um filme sobre o desejo feminino, e que pode incomodar também por isso.

Diante da proliferação de posicionamentos no debate a respeito do racismo e da naturalização do privilégio, achei importante retomar meu texto, que é sobre a sublimação da violência e o espinhoso problema de falar dela, tendo, como principais questões, a presença dos tambores e a figuração das raízes africanas na música popular brasileira, lidas por Caetano Veloso através de João Gilberto.

Na época (2004) em que escrevi o que vai abaixo, o *lugar de fala* não tinha ainda se projetado no debate sobre a cultura e a política. Por isso me pareceu interessante retomar a reflexão, tendo agora, como pano de fundo emocional e ideológico, a questão sobre quem fala sobre o que, quando, e de onde.

Devo esclarecer que vejo com grande interesse o fortalecimento das posições, embora o seu endurecimento possa levar à obstrução do diálogo. Por outro lado, os defensores do aspecto dialógico do debate "civilizado" costumam esquecer que o espaço público nunca foi um lugar neutro, onde todos podem falar igualmente. A comunicação transparente é uma fábula, assim como a "esfera pública" é uma bela utopia.

O problema todo talvez se torne menos árido se, em lugar de atentar apenas para a fala, prestarmos atenção sobre a escuta. Mais arejada e menos incisiva, a escuta embaralha os vetores que a fala costuma manter num plano rígido.

Afirma-se de pés juntos, quando se fala. Mas e quando se escuta?

Caminhos cruzados: de Tom e Maysa a Caetano, por João

Num livro que tinha o público norte-americano como um de seus alvos originais, Caetano Veloso criou sua história da cultura brasileira, fixando a memória do movimento que ele mesmo viria a simbolizar: o Tropicalismo dos anos 1960 e 1970. Contudo, *Verdade tropical* — que acaba de ganhar uma edição comemorativa de vinte anos — é bem mais que uma simples cadeia de recordações.

O livro, publicado nos Estados Unidos em 2002 com o título *Tropical Truth: a Story of Music and Revolution in Brazil* (em edição e tradução criticadas pelo próprio Caetano), é o testemunho de quem se vê no "centro do nevoeiro da língua portuguesa" e, a partir desse singular espaço brumoso, se sente chamado a desenrolar alguns dos fios que nos separam das origens remotas da música popular brasileira. Há um momento que me impressiona muito, em *Verdade tropical*. Trata-se de um comentário sobre a canção "Caminhos cruzados":

> O aparecimento da cantora Maysa [...], imediatamente antes da eclosão da bossa nova, representou um coroamento dessa tendência para o samba-canção interiorizado e intimista que ela própria, como compositora que também era, enriqueceu com algumas canções simples e exemplares que são pouco numerosas mas nunca foram esquecidas. Há, entre as mais belas melodias que ela gravou, uma composição do Tom Jobim da fase pré-bossa nova, um autêntico samba-canção chamado "Caminhos cruzados", que João Gilberto veio a regravar anos depois. É útil comparar essas duas gravações para entender o significado do gesto fundamental da invenção da bossa nova. A interpretação de João é mais introspectiva que a de Maysa, e também violentamente menos dramática; mas, se na gravação dela os elementos essenciais do ritmo original do samba foram lançados ao esquecimento quase total pela concepção do arranjo e, sobretudo, pelas inflexões do fraseado, na dele chega-se a ouvir — com o ouvido interior — o surdão de um bloco de rua batendo com descansada regularidade de ponta a ponta da canção. É uma aula de como o samba pode estar inteiro mesmo nas suas formas mais aparentemente descaracterizadas; um modo de, radicalizando o refinamento, reencontrar a mão do primeiro preto batendo no

couro do primeiro atabaque no nascedouro do samba. (E o arranjo de cordas é do alemão Klaus Ogerman.) Quanto a mim, encontro nessa gravação de "Caminhos cruzados" por João um dos melhores exemplos de música de dança — e isto aqui não é uma opinião excêntrica rebuscada: eu de fato gosto de sambar ao som dessa gravação, e toda vez que o faço sinto a delícia do que é sambar e do que é saber que João Gilberto está me mostrando o samba-samba que estava escondido num samba-canção que, se não fosse por ele, ia fingir para todo o sempre que era só uma balada.

Na gravação de "Caminhos Cruzados" por João Gilberto nota-se algo preguiçosamente arrastado, mas ao mesmo tempo infalível, na maneira como o músico acompanha a batida, brincando com a vibração da voz — o desafino afinado de sua voz — entre os pulsos, como se uma serenidade de outro mundo quisesse atar o tempo ao contratempo, não sem antes tensioná-los ao extremo. Como se a intenção fosse ralentar o próprio ritmo, ameaçando parar o mundo das sensações corpóreas, em inesperada ascese.

Estamos porventura próximos daquilo que Walter Garcia chamou, em sua sofisticada discussão da bossa nova (em *Bim Bom: contradição sem conflitos de João Gilberto*), de "esfriamento do samba". Penso na distinção entre "a regularidade da acentuação uniforme do baixo bossa-nova e a regularidade da síncope do surdo no samba". Em termos dinamogênicos, a diferença estaria na possibilidade de "perceber o corpo embalado" ou "sentir um apelo à dança".

Ouvir, neste caso, dispara uma infindável discussão sobre a escuta como ato político. Ouve-se o que se quer e o que não se quer, mas também se ouve *quando* se quer. Isto é, os ouvidos podem se abrir, e a questão passa a ser a possibilidade de ter o Outro como objeto de curiosidade e talvez mesmo de estima. Ouvir pode ser um imperativo ético para os que queiram se aproximar de algo que desconhecem, no momento em que os sons passam a compor a máquina do entendimento. Tampouco estamos longe, aqui, de uma literatura que, à sua maneira, reproduz práticas orais, como se o que se escuta funcionasse como contracanto do que se lê, como sugere Arcadio Díaz-Quiñones. O problema é a forma desse contracanto, ou seja, a maneira como ele é ouvido, compreendido e traduzido em literatura ou em música.

(A bossa nova de João Gilberto seria então a literatura em estado puro, anterior à letra? Ou seria talvez a forma final da "gaia ciência" a que se referiu José Miguel Wisnik? Não custa recordar que a fórmula nietzschiana de Wisnik, endereçada ao cruzamento entre literatura e oralidade na canção brasileira, data de muito antes que qualquer um de nós sonhasse com a possibilidade de que Bob Dylan ganhasse o Prêmio Nobel de Literatura. Mas voltemos a Caetano Veloso — de onde aliás nunca saímos.)

É interessante que Caetano alegue ouvir, na gravação de João Gilberto, "o surdão de um bloco de rua", como se algo escandalosamente real descansasse atrás da melodia e do arranjo que, por um instante, foram capazes de nos elevar às alturas. Descolar-se do solo — literal e figurativamente — está no centro da questão. A expressão utilizada por Caetano para explicar as condições sob as quais se pode ouvir o que foi apagado na música de João Gilberto (a batida do surdo na rua) é, nem mais nem menos, "o ouvido interior".

Trata-se de expressão agostiniana: *auris interior*. Em Santo Agostinho, a escuta adensada pela experiência da prece poderia nos aproximar de algo que está sempre adiante: além do corpóreo, além deste mundo, além da experiência concreta e suja dos seres humanos, pairando acima deles, como vibração descarnada e divina.

Caetano poderia ter parado por aqui, na simples constatação de um momento de elevação cultural, por assim dizer. Mas convém prestar atenção ao espetáculo que ele estreou poucos anos após a publicação de *Verdade tropical* (1997) no Brasil, intitulado *Noites do Norte* (2001). O show é uma verdadeira dramatização de suas memórias sobre a música popular brasileira, com as fronteiras entre texto e encenação musical praticamente se dissolvendo. Ao reinterpretar "Caminhos Cruzados", o autor de *Verdade tropical* traz de volta aquilo que tinha sido ocultado na bossa nova. Quando a canção ressoa na voz de Caetano — que a ouvira na voz de João Gilberto —, compreende-se, no circuito sonoro, a batida que emerge, tão poderosa quanto sutil. A ideia é reforçada pela presença altiva dos tambores, com destaque para os percussionistas, todos negros, como que sacralizados atrás das barreiras de som semitransparentes, que a um só tempo os separa e os protege do palco. Mas também os eleva, da mesma forma como, na interpretação de Caetano, o som dos tambores emerge da canção "esfriada" pela bossa nova, numa espécie de novo parto do que tinha sido roubado às vistas e aos ouvidos.

A separação dos percussionistas, no cenário de *Noites do Norte* (o DVD é dirigido por Carlos Nader e Carlos Manga Jr.), é repleta de consequências estéticas e políticas. A sequência inicial das canções no show é crucial: "Two Naira Fifty Kobo", "Sugar Cane Fields Forever", "Noites do Norte" (musicalização de uma passagem de "Massangana", de Joaquim Nabuco, célebre capítulo de *Minha formação*, de onde provém o título do show, "Noites do Norte"), "13 de maio", "Zumbi" (de Jorge Ben) e "Haiti" (parceria com Gilberto Gil).

Pergunto-me pelas ressonâncias do título da composição de Tom Jobim e Newton Mendonça, "Caminhos cruzados", num concerto como *Noites do Norte*, em que todos as sendas estão embaralhadas, na mais tensa rede de relações estabelecidas e vividas no seio da sociedade escravista. Na interpretação de Caetano, acontece uma espécie de desvelamento da sublimação, como se, por meio de sua performance, o intérprete (aqui inadvertidamente próximo do psicanalista) pretendesse recordar aquilo que se apagou ou foi esquecido na canção original, mas que paradoxalmente é o que ainda a torna fascinante e dançante até hoje, isto é, o ritmo ditado pelos tambores que só o ouvido interior seria capaz de perceber. Momento em que o inconsciente histórico aflora, junto ao inconsciente pessoal.

É claro que não escapamos da armadilha da sublimação: a dramatização que explicita a origem não chega a compreendê-la totalmente, a menos que possa envolvê-la nas brumas que, ao final, a tornarão encantadora, fazendo, dos sujeitos do passado, personagens de um sonho. Quase todo o concerto, nesse sentido, é um diálogo musical e cênico com o nevoeiro em que se ocultariam as origens negras da música popular brasileira, detectadas na rede da memória pessoal do intérprete, em que se misturam canções e cenas ouvidas e vistas desde a infância em Santo Amaro da Purificação.

Digamos que a batida original é o elemento que amarra o *aqui e agora* da arte a um tempo imemorial, resistente às rugosidades da história. Como sugere Caetano, encantado por João Gilberto e pelo diálogo que sua própria música estabelece com a história da música popular brasileira: "é uma aula de como o samba pode estar inteiro mesmo nas suas formas mais aparentemente descaracterizadas; um modo de, radicalizando o refinamento, reencontrar a mão do primeiro preto batendo no couro do primeiro atabaque no nascedouro do samba".

Nas várias camadas rítmicas se estabelece um complexo jogo de esconde-esconde, que bem pode lembrar aquilo que Ángel Quintero-Rivera chamou de "tambor camuflado", quando se referiu ao papel que o disfarce e o esconderijo desempenham na matriz social porto-riquenha. Da colônia aos dias de hoje, toda uma sociedade teria se formado em torno de um centro dinâmico em que a ocultação e a revelação das origens africanas se sucedem ininterruptamente. Uma sociedade de piratas e negros fugidos (*cimarrones*) teria constituído, ao longo da história, uma ampla arte da fuga — aqui tomada em sentido musical e político, sem que se possa separar um do outro. Camuflar os tambores, numa sociedade escravista, é a forma de mantê-los vivos.

Voltando ao Brasil: no espetáculo *Noites do Norte*, os sons são dramaticamente recuperados. O que era inacessível (o tambor) se faz presente, no quadro cênico em que os percussionistas negros, ao fundo, produzem a batida (original) com a qual a voz deve interagir.

Eis o nó da questão: Caetano parece ter encontrado, em João Gilberto, uma forma que esteticamente refinou aquilo que, em sua origem, era a batida crua. Sobre o pulso da bossa nova se produz o mais limpo dos sons, o que inevitavelmente faz pensar no seu contrário, isto é, na batida bruta que desapareceu, para ressurgir, numa forma cristalizada pela reflexão estética e pelo sentimento íntimo da memória, na interpretação de Caetano Veloso.

É tentador lembrar aqui a imagem freudiana das "represas" que estreitam o curso do instinto sexual e tornam possível proteger o sujeito das "sensações desprazerosas" que adviriam do encontro, sem qualquer filtro, daquilo que é alvo dos seus impulsos eróticos. (Utilizo aqui a tradução de Paulo César de Souza dos *Três Ensaios sobre a Teoria da Sexualidade*, de 1905.)

A pergunta que Caetano Veloso não propõe, mas nos permite propor, é a seguinte: não haverá algo que *incomoda* nesses tambores originais? No fascínio pela batida original não se esconderia o temor do encontro da origem? Será que a constituição "civilizada" (leia-se: branca, eurocêntrica etc.) só consegue encarar uma suposta pureza original quando julga tê-la filtrado, para finalmente oferecê-la como possibilidade de deleite estético? (Penso na delicada ironia de "Haiti", quando a bateria sugere a "pureza de meninos uniformizados em dia de parada", como se um momento puro original pudesse regressar na manifestação cívico-escolar, em meio à violência escancarada do racismo contemporâneo, tornado espetáculo em pleno Pelourinho visto de uma janela da Casa de Jorge Amado.)

O fluxo incontinente a que se refere Freud é também matéria política. Aponte ou não para a origem, o objeto de desejo projeta o regresso a um ponto que atrai e atemoriza. A fascinação não deixa de ser uma forma de sustentar, na sua obscuridade, o objeto do desejo. Que ele seja um desejo confesso ou inconfesso, consciente ou não, pouco importa. Regressar e mergulhar na memória é sempre uma aventura política, sobretudo quando no passado está a violência crua da escravidão moderna.

Uma última questão segue a incomodar: na miragem da origem não estão armados todos os discursos essencialistas, toda possível naturalização que liga, inescapavelmente, os negros à música e ao ritmo? O bordão é claro: "todo menino do Pelô sabe tocar tambor". Na origem, encontra-se o inescapável destino.

Diante do tambor se revelaria aquele pulso original, a primeira batida no nascedouro do samba. A questão é que a arte — em suas múltiplas manifestações — dificilmente consegue se furtar à ilusão ou ao poder poético do pleno encontro, do momento de regresso a um espaço que a análise da história e da própria música pode ensinar que não existe mais. Mas esse espaço e esse momento poderiam mesmo existir, fora da represa da memória?

Às vezes nos esquecemos que a memória e os sentimentos (ou os impulsos) não caminham em linha reta, nem em completa harmonia.

Mas o que é a harmonia, depois daquilo que a bossa nova permitiu ouvir?

Faltou dizer

Relendo o que escrevi há tanto tempo (agora recalibrado por novas questões), penso que terá faltado lembrar que, além de *Noites do Norte* ser uma leitura dramático-musical de teses articuladas em *Verdade tropical*, há algo de grande importância na própria performance do canto. Na época do concerto, a voz de Caetano atingia o seu esplendor, passando dos médios aos agudos e graves como quem passeia por uma montanha russa em que a queda fosse tão vertiginosa quanto suave. Mas, para além da dança das alturas, em *Noites do Norte* paira o inconfundível vibrato de Caetano, que me faz recordar uma observação de Jean-Luc Nancy, que aqui traduzo livremente, pensando no jogo entre a cena e a canção.

Em sua vibração, a voz tenta segurar algo que as imagens, sozinhas, deixam escapar:

> ali onde a presença visível ou tátil se contém numa imóvel simultaneidade, a presença sonora é um "ao mesmo tempo" essencialmente móvel, vibrando entre a orelha e a fonte, atravessando o espaço, espécie de presença da presença, mais que simples presença.

Nancy finaliza assim o seu raciocínio: o que se vê é *simultâneo*; já o que se escuta é *contemporâneo*. Enquanto a imagem tenta recuperar inútil e agonicamente o que está distante (sabemos que a imagem tem a ver com a ausência, mais que com a presença), o som ressoa em nós, ou seja, *soa sempre de novo*, tornando presente o que supúnhamos distante.

Se o que se passa na escuta é *contemporâneo* e não *simultâneo*, é porque se trata de algo com que talvez ainda possamos conviver. Afinal, a vibração arrastou para dentro aquilo que se julgava expulso.

De novo: basta abrir os ouvidos, para dentro e para fora.

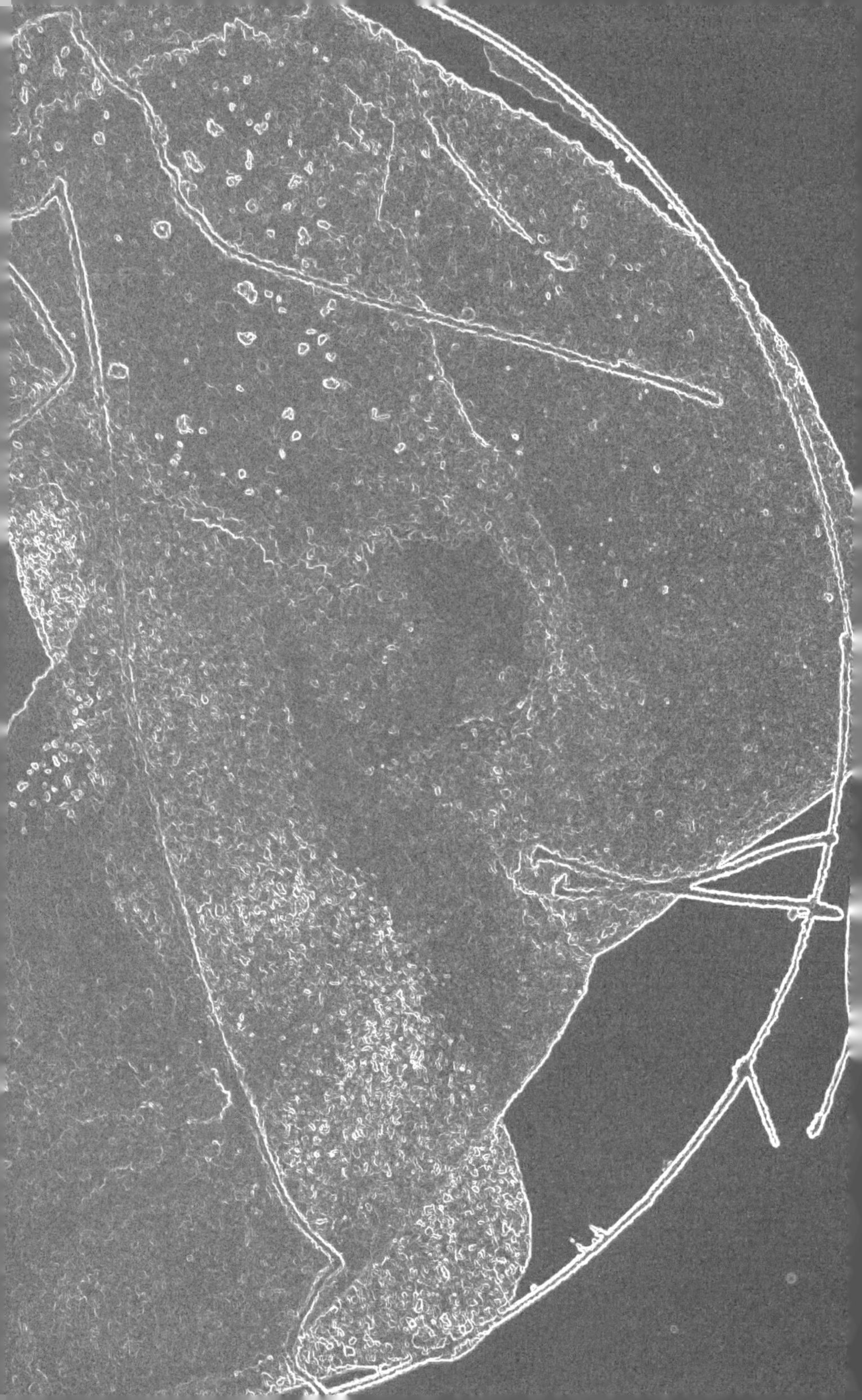

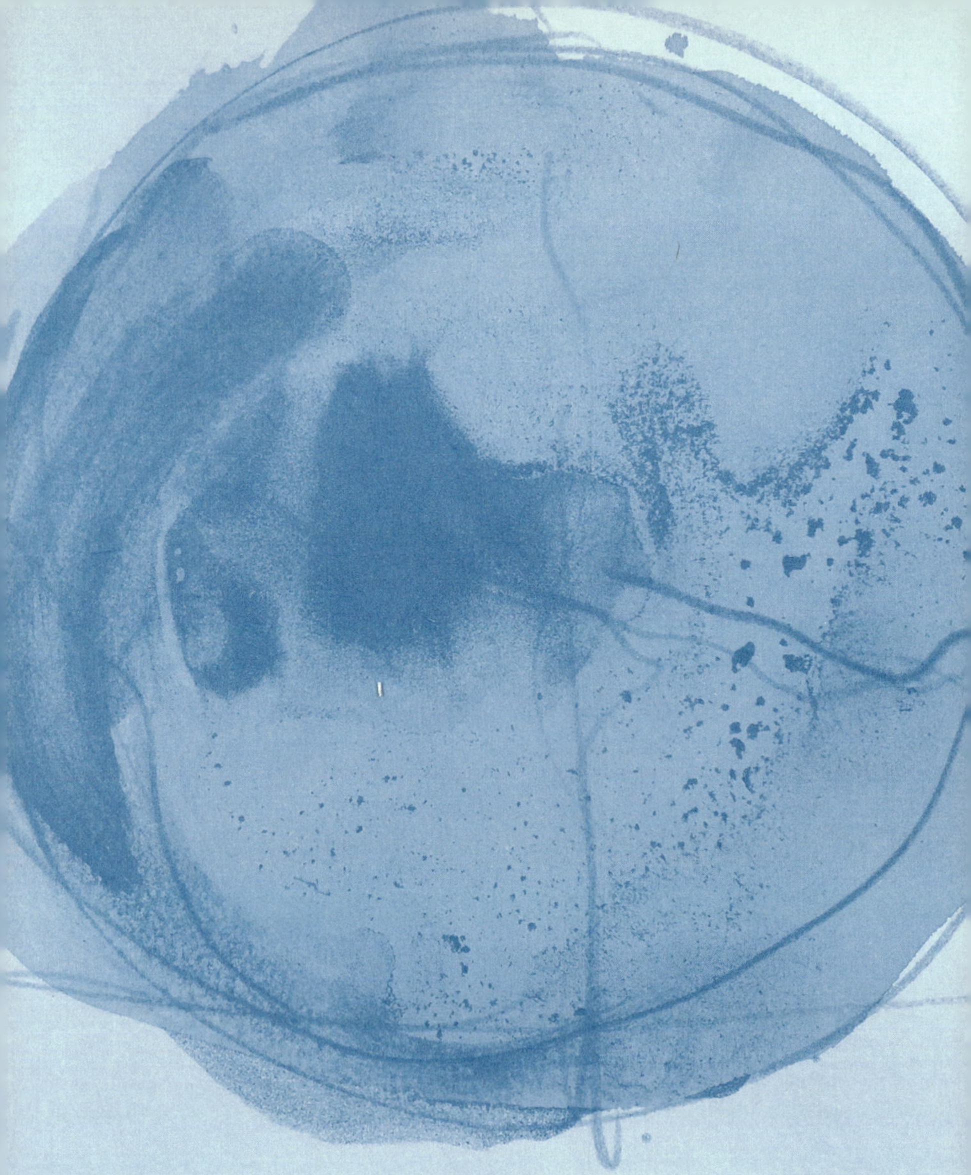

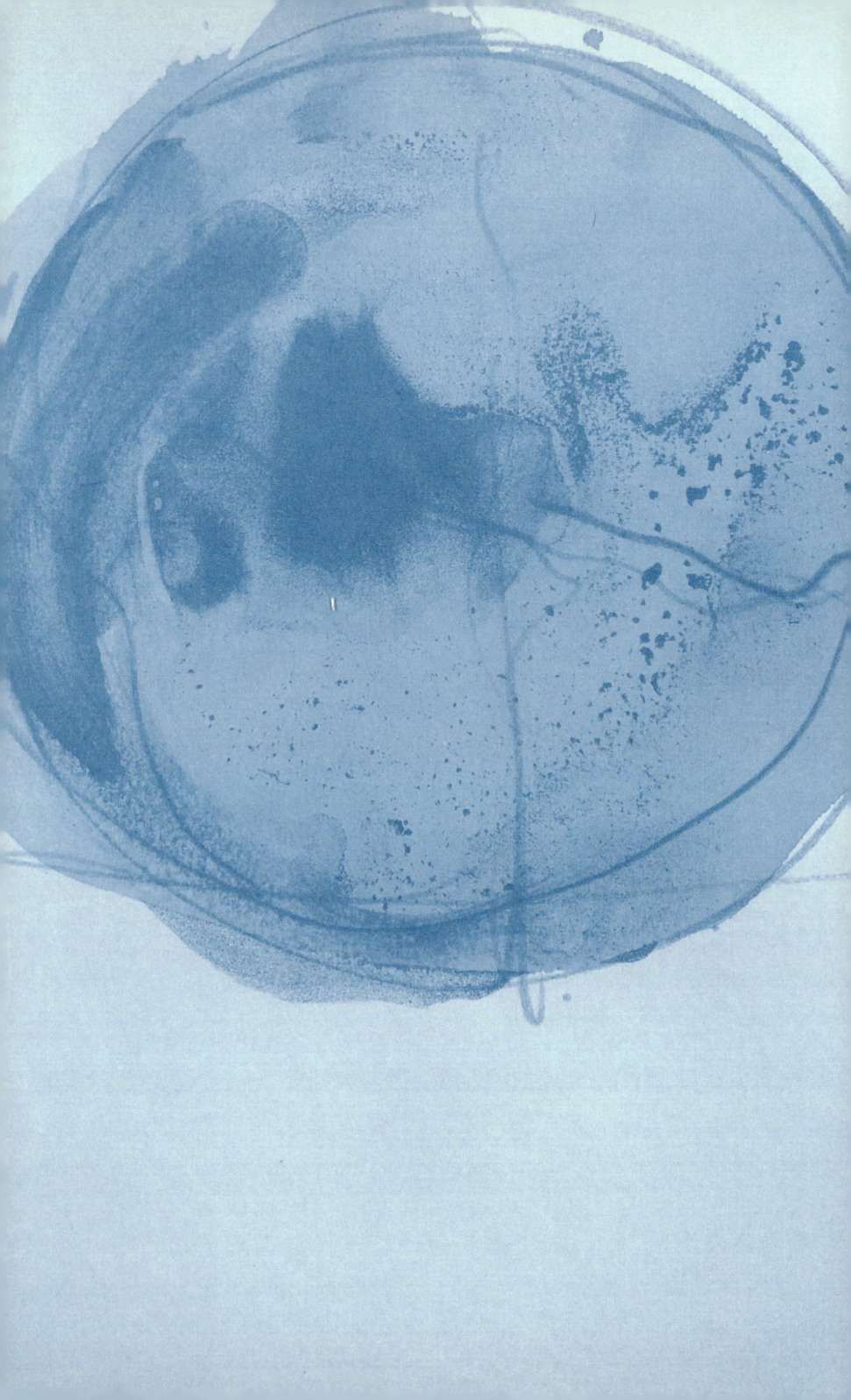

Bios

Pedro Meira Monteiro é professor titular de literatura brasileira na Princeton University, onde dirige o Departamento de Espanhol e Português e é filiado ao Programa de Estudos Latino-americanos e ao Brazil LAB, de que foi um dos fundadores. Foi professor-visitante em diversas universidades, dentro e fora do Brasil. É colaborador de revistas como *piauí* e *serrote*, e autor, entre outros, de *Mário de Andrade e Sérgio Buarque de Holanda* (Companhia das Letras/Edusp/IEB-USP, Prêmio ABL de Ensaio 2013), *A queda do aventureiro* (Relicário) e *Conta-gotas* (E-galáxia). É um dos coordenadores do projeto multidisciplinar Minas-Mundo, foi co-curador da exposição Contramemória no Theatro Municipal de São Paulo em 2022, e co-curador da Flip nos anos de 2021 e 2022.

Arto Lindsay nasceu em Richmond e cresceu em Pernambuco. Entre as décadas de 1970 e 1980 estabeleceu-se na cena artística de vanguarda novaiorquina. Como membro do grupo DNA, contribuiu para a fundação da No Wave; com os Ambitious Lovers, desenvolveu um pop subversivo mesclando estilos norte-americanos e brasileiros. Cantor, guitarrista experimental e produtor musical, trabalhou com artistas visuais e músicos como Vito Acconci, Laurie Anderson, Animal Collective, Brian Eno, Matthew Barney, Marisa Monte, Caetano Veloso e Ryuchi Sakamoto. Desde 2004 tem criado desfiles na Bahia, em Veneza e em Hong Kong. Seu último álbum é *Cuidado Madame*, de 2017 (Northern Spy, com Melvin Gibbs e Kassa Overall.)

Flora Thomson-DeVeaux é escritora, pesquisadora e tradutora, mais recentemente de *Memórias Póstumas de Brás Cubas*, que foi publicado pela Penguin em 2020. Nascida em Charlottesville e radicada no Rio de Janeiro, é diretora de pesquisa da Rádio Novelo, onde trabalhou nos podcasts Praia dos Ossos, Retrato Narrado, República das Milícias, Crime e Castigo, e o podcast do Projeto Querino, entre outros. Atualmente prepara uma tradução para o inglês da seção amazônica de *O Turista Aprendiz*, de Mário de Andrade, também para os Clássicos Penguin.

Rogério Barbosa é artista plástico. Nascido em Pouso Alegre, estudou na Escola Panamericana de Arte, em São Paulo, e foi depois orientando de Carlos Fajardo e Dudi Maia Rosa no Museu Brasileiro de Escultura (MUBE). Participou do 2º Prêmio Gunther de Pintura, no Museu de Arte Contemporânea (MAC-USP), e apresentou trabalhos nas exposições Arte em Movimento, no Sesc Pompeia; 10 artistas, na galeria Baró Senna; A Vastidão dos Mapas, no Santander Cultural; no Museu Oscar Niemeyer (MON); e na mostra individual Ainda Não Está Escuro, na galeria Virgílio, em 2019. É representado pelas galerias Izabel Pinheiro (Barco), em São Paulo, e Ficher Rohr, na Suíça.

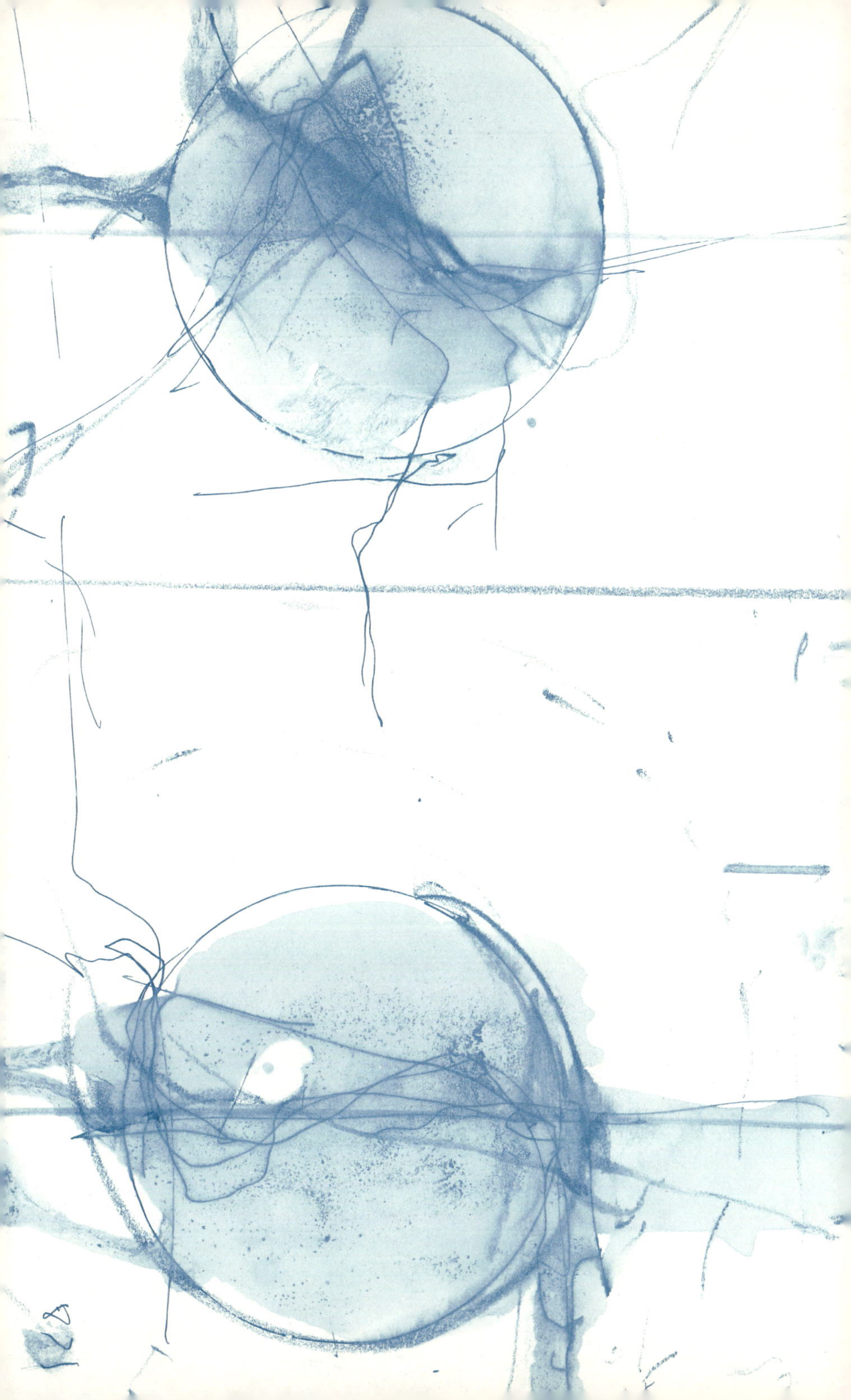

ink

© Pedro Meira Monteiro, 2022.
© Relicário Edições, 2022.

Dados Internacionais de Catalogação na Publicação (CIP) de acordo com ISBD

M775n
    Meira Monteiro, Pedro
        Nós somos muitas: ensaios sobre crise, cultura e esperança / Pedro Meira Monteiro. - Belo Horizonte : Relicário, 2022.

    208 p. ; 14cm x 21cm.

    ISBN: 978-65-89889-52-6

    1. Ensaios. 2. Crítica cultural. 3. Arte. 4. Política. I. Título.

                                                      CDD 869.94
    2022-2995   CDU 82-4(81)

COORDENAÇÃO EDITORIAL Maíra Nassif Passos
EDITOR-ASSISTENTE Thiago Landi
PROJETO GRÁFICO (adaptado) Ana C. Bahia
DIAGRAMAÇÃO & CAPA Caroline Gischewski
IMAGENS DE CAPA E MIOLO Rogério Barbosa
REVISÃO Lucas Morais
REVISÃO DE PROVAS Thiago Landi

RELICÁRIO EDIÇÕES
Rua Machado, 155, casa 1, Colégio Batista | Belo Horizonte, MG, 31110-080
contato@relicarioedicoes.com | www.relicarioedicoes.com
@relicarioedicoes   /relicario.edicoes

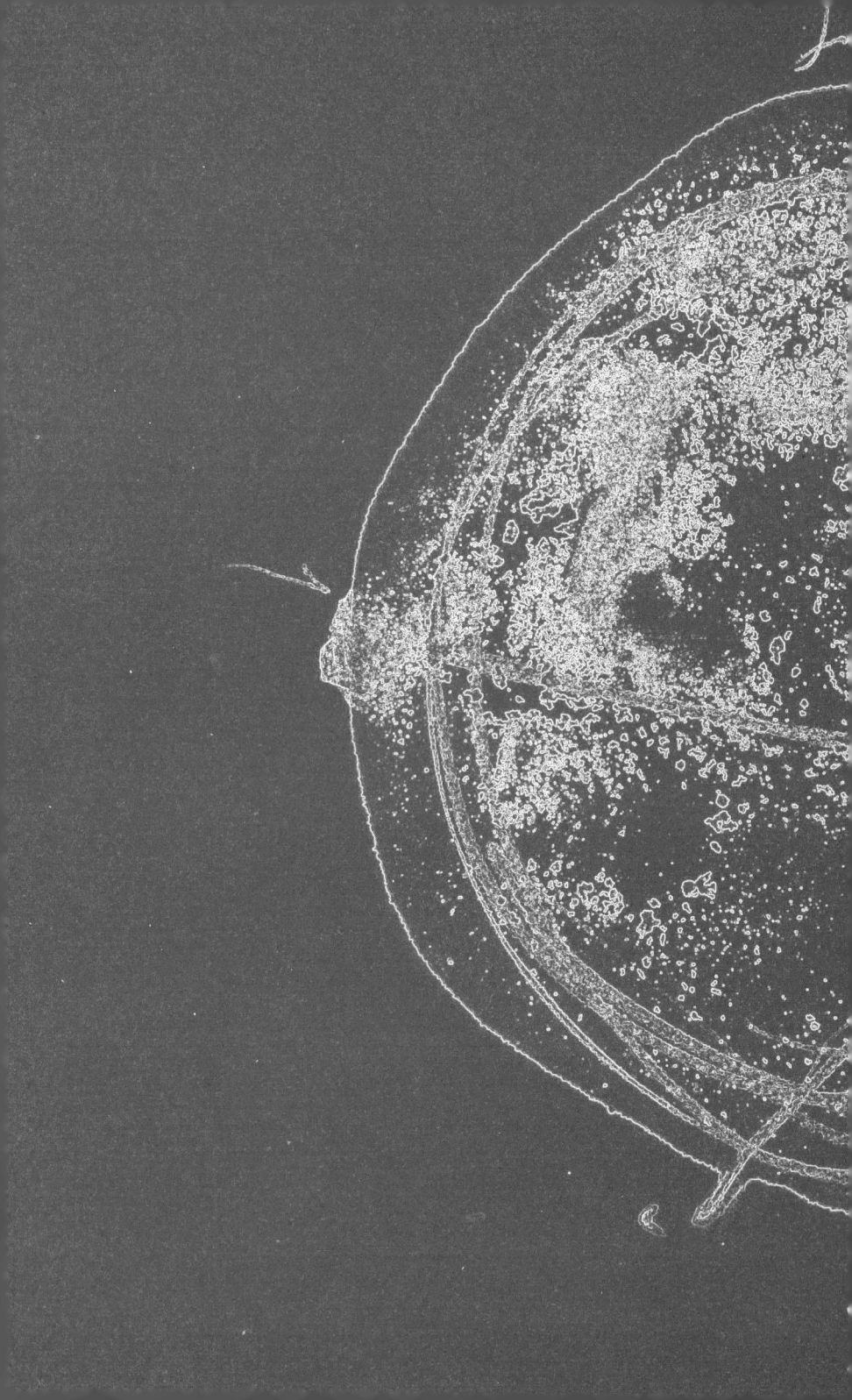